T0283487

Pema Chödrön

Tal como vivimos, morimos

Edición a cargo de Joseph Waxman

Traducción del inglés al castellano
de Fernando Mora

editorial Kairós

Título original: HOW WE LIVE IS HOW WE DIE
© by 2022 Pema Chödrön. All rights reserved

Publicado por acuerdo con Shambhala Publications Inc.

© de la edición en castellano:
2022 Editorial Kairós, S.A.
Numancia 117-121, 08029 Barcelona, España
www.editorialkairos.com

Traducción del inglés al castellano: Fernando Mora
Revisión: Alicia Conde
Diseño cubierta: Editorial Kairós
Fotocomposición: Florence Carreté
Imagen cubierta: Robin Holland
Impresión y encuadernación: Romanyà-Valls. 08786 Capellades

Primera edición: Noviembre 2022
Tercera edición: Diciembre 2023
ISBN: 978-84-1121-065-2
Depósito legal: B 19.667-2022

Este libro ha sido impreso con papel que proviene de fuentes respetuosas
con la sociedad y el medio ambiente y cuenta con los requisitos necesarios
para ser considerado un «libro amigo de los bosques».

*Dedico este libro, con gran amor y aprecio,
a mi querida hermana, Patricia Billings, que falleció,
a los noventa y un años, en febrero de 2020.*

«Contemplar la muerte cinco veces al día produce felicidad.»

Dicho butanés

Sumario

Introducción

El Buddha aconsejaba a sus discípulos que no creyesen en todo lo que decía sin haberlo comprobado antes por sí mismos. No deseaba promover ningún dogma, sino la experiencia de primera mano. «No os limitéis a creer en mi palabra –señalaba–. Poned a prueba mis enseñanzas igual que un orfebre examina el oro.» Por ejemplo, el Buddha enseñó que centrarse demasiado en nuestro interés propio es fuente de dolor y ansiedad, y que extender nuestro amor y cuidado hacia los demás –incluso hacia los extraños o las personas que nos causan problemas– nos aporta alegría y paz. Esto es algo que podemos comprobar a través de nuestra propia experiencia. Debemos experimentar con la enseñanza y ponerla a prueba tantas veces como sea necesario para convencernos.

Sin embargo, las enseñanzas presentadas en este libro parecen pertenecer a una categoría distinta. La palabra tibetana *bardo*, que aparece con frecuencia en el texto, se refiere al tránsito que sigue a nuestro fallecimiento y que precede a nuestra próxima vida. Pero ¿cómo podemos comprobar por propia experiencia lo que ocurre después de la muerte? ¿Cómo verificar que habrá una próxima vida? En los capítulos que siguen, encontraremos descripciones referentes a luces de colores brillantes, sonidos ensordecedores, fantasmas hambrientos, deidades pacíficas e iracundas, ¿cómo es posible verificar estas enseñanzas igual que un orfebre comprueba el oro?

Mi intención no es convencer al lector de que acepte la visión tibetana del mundo, considerando que estas descripciones son la verdad categórica acerca de lo que sucede después de la muerte. Decir que algo es definitivamente «de este» o «de aquel» otro modo carece de sentido y me parece que contradice del espíritu de las enseñanzas budistas. Al mismo tiempo, hay muchas personas con amplio discernimiento que, en la actualidad, estudian las enseñanzas del *bardo* y las consideran sumamente relevantes, no ya como un tema académico, sino como una fuente de profunda sabiduría capaz de mejorar nuestra vida. Tal vez no sea posible confirmar la exactitud de estas enseñanzas tradicionales basándonos en nuestra experiencia directa. Pero, creamos o no en la cosmovisión tibetana, si profundizamos en la esencia de las enseñanzas del *bardo*, estas pueden beneficiarnos no solo después de la muerte, sino durante este año, durante este día, en este mismo momento.

Estas enseñanzas se basan en un antiguo texto tibetano titulado *Bardo Tödrol*, que fue vertido por vez primera a idiomas occidentales como *El libro tibetano de los muertos*, aunque su significado literal es «liberación a través de la audición en el estado intermedio [o entre vidas]». El *Bardo Tödrol* está destinado a ser leído a las personas fallecidas que han accedido a dicho estado. Describe las distintas experiencias que afrontará el difunto y, en consecuencia, sirve de guía para ayudarle a navegar por lo que se considera un tránsito desorientador desde esta vida hasta la siguiente. La idea es que escuchar el *Bardo Tödrol* optimizará las posibilidades de experimentar una muerte pacífica, un viaje tranquilo y un renacimiento favorable. Y, en el mejor de los casos, uno se liberará por completo del samsara, el doloroso ciclo del nacimiento y la muerte.

El término *bardo* suele asociarse al estado intermedio entre diferentes vidas, pero una traducción más amplia de la palabra es simplemente «transición» o «intervalo». Aunque el viaje que tiene lugar después de la muerte es una de estas transiciones, si examinamos nuestra experiencia más detenidamente, descubriremos que siempre estamos afrontando algún tipo de transición. En cada momento de nuestra vida, algo termina y otra cosa empieza. Y esto no es un concepto esotérico porque, si prestamos atención, comprobaremos que esa es nuestra experiencia incuestionable.

El libro tibetano de los muertos enumera seis *bardos*: el *bardo* natural de esta vida, el *bardo* del soñar, el *bardo* de la meditación, el *bardo* de la agonía, el *bardo* de *dharmata* y el *bardo* del devenir.

En este momento nos hallamos en el *bardo* natural de esta vida. Como subrayo a lo largo de las páginas que siguen, nuestro trabajo se ubica en este *bardo*. El hecho de comprender que esta vida es un *bardo* –un estado de cambio continuo– nos prepara mejor para afrontar cualquier otro *bardo* que surja, por más desconocido que nos resulte.

El *bardo* de la agonía se inicia cuando nos damos cuenta de que vamos a morir y perdura hasta nuestro último aliento. Le sigue el *bardo* de *dharmata*, un término que significa «verdadera naturaleza de los fenómenos». Por último, tenemos el *bardo* del devenir, durante el cual efectuamos la transición a nuestra próxima vida. En este libro, hablaremos en detalle acerca de estos tres *bardos* y también los relacionaremos con experiencias más familiares por las que pasamos durante nuestra vida.

Mi propósito para las páginas que siguen es escribir de tal manera que estas enseñanzas nos resulten significativas y útiles, con independencia de cuáles sean nuestras creencias. Al mismo tiempo, me gustaría animar al lector a «mostrar cierta apertura», como le gusta señalar a mi maestro Dzigar Kongtrul Rinpoché, hacia los aspectos menos conocidos de estas enseñanzas. Siempre constato que mi mayor crecimiento personal se produce cuando mi mente y mi corazón están más inclinados hacia la curiosidad que hacia la duda. Es mi esperanza que adoptemos un enfoque similar al leer este libro.

Con independencia de la visión del mundo que suscribamos, si conseguimos aprender a navegar por el flujo continuo de transiciones que caracterizan nuestra vida presente, estaremos preparados para nuestra muerte y lo que sobrevenga después. Todos mis maestros, empezando por Chögyam Trungpa Rinpoché, me han transmitido numerosas instrucciones sobre el modo de conseguirlo. He aprendido por experiencia que la aplicación de las enseñanzas del *bardo* ha eliminado gran parte de mi miedo y ansiedad ante la muerte. Pero igualmente importante es que este adiestramiento me ha hecho sentir más viva, abierta y valerosa en mi experiencia cotidiana de la vida. Por ese motivo, me gustaría transmitir al lector estas enseñanzas y sus beneficios.

1. El maravilloso flujo del nacimiento y la muerte

Este es un libro que versa acerca del miedo a la muerte. Y, más exactamente, nos plantea la siguiente pregunta: ¿cómo nos relacionamos con el más básico de todos nuestros temores, que es el miedo a morir? Algunas personas destierran de su mente el pensamiento de la muerte y actúan como si fueran a vivir para siempre. Otros se repiten a sí mismos que la vida es lo único importante, mientras que la muerte –en su opinión– equivale a la nada. Hay quienes se obsesionan con su salud y su seguridad y basan su vida en evitar lo inevitable durante el mayor número de años posible. Es menos frecuente que las personas se abran plenamente a la inevitabilidad de la muerte –y el miedo que pueda suscitarles– y vivan su existencia de manera acorde.

He constatado que quienes se abren de este modo están más comprometidos con la vida y aprecian más lo que tienen. Se hallan menos atrapados en sus propios dramas y tienen una influencia más beneficiosa para otras personas y para el conjunto del planeta. Entre estas personas se encuentran mis maestros y los sabios de todas las tradiciones espirituales del mundo. Sin embargo, hay mucha gente corriente que no niega ni se obsesiona con la muerte, sino que convive en armonía con la certeza de que algún día tendrá que dejar este mundo.

Hace unos años, impartí un seminario, durante un fin de semana, sobre este tema en el Omega Institute de Rhinebeck, Nueva York. Una de las participantes me confesó que, cuando supo que iba a hablar de la muerte y la agonía, su reacción fue: «¡Qué mal!». Pero, una vez concluido el programa, el tema le había cambiado la vida. Mi esperanza, al compartir estas enseñanzas con los lectores, es ayudarlos a familiarizarse con la muerte y a que se sientan más cómodos con ella, siendo más capaces de vivir en armonía con aquello que antes les asustaba, más capaces de pasar de un «¡qué mal!» a progresar en este sentido.

Mi segunda aspiración, estrechamente relacionada con la anterior, es que la apertura a la perspectiva de la muerte nos ayude a abrirnos a la vida. Como insistiré en las páginas que siguen, la muerte no es solo algo que ocurre al final de nuestra existencia, sino que sucede a cada momento. Vivimos sumergidos en un maravilloso flujo de continuas muertes y nacimientos. El final de una experiencia es el comienzo de la siguiente, que rápidamente llega a su propio final, dando lugar a un nuevo comienzo. Es como un río que fluye sin cesar.

Por lo general, nos resistimos a este flujo tratando de solidificar nuestra experiencia de una manera u otra e intentando encontrar algo, cualquier cosa, a la que aferrarnos. La instrucción en este caso consiste en relajarse y dejarse llevar. El entrenamiento pasa por acostumbrarnos a existir en el seno de este flujo continuo. Esta es la manera de trabajar con los miedos relacionados con la muerte y la vida, permitiendo que se desvanezcan. Sin embargo, esto no es ninguna garantía; no podemos exigir que nos devuelvan el dinero si no ocurre, o si tarda más de lo que nos gustaría. Pero, dado que yo he ido avanzando poco a poco en esa misma dirección, creo que el lector también podrá hacerlo.

En la tradición Mahayana del budismo que sigo, es habitual

iniciar cualquier estudio, práctica u otra actividad positiva contemplando cuál es su principal propósito. Podemos reflexionar, por ejemplo, sobre el beneficio que aportaría a nuestro entorno inmediato, a las personas presentes en nuestra vida, e incluso más allá, el hecho de hacernos amigos del flujo del nacimiento y la muerte. Podemos reflexionar sobre el modo en que nuestra profunda relajación ante la vida y la muerte tiene un impacto positivo en todo lo que encontramos.

Como ejemplo de lo interconectado que está nuestro mundo, los teóricos del caos afirman que el aleteo de una mariposa en el Amazonas afecta al clima en Europa. Así pues, nuestro estado de ánimo influye en el mundo. Sabemos cómo afecta a las personas que nos rodean. Si le fruncimos el ceño a alguien, es muy probable que él también frunza el ceño a otras personas. Cuando, en cambio, le sonreímos, se sentirá bien y hay más posibilidades de que también sonría a los demás. Del mismo modo, si nos sentimos más tranquilos con la cualidad transitoria de la vida y la inevitabilidad de la muerte, esa tranquilidad se transmitirá a quienes nos rodean.

Toda energía positiva que nos dedicamos a nosotros o a los demás crea una atmósfera de compasión y amor que se extiende al mundo exterior, ¿quién sabe hasta dónde? Teniendo esto en cuenta, podemos abordar esta exploración de la muerte con lo mejor de nosotros mismos, siendo sensibles a los miedos y dolores de nuestros semejantes y queriendo prestar ayuda. En apoyo de esta aspiración, dedicamos este viaje particular a través de los *bardos* para propiciar el bienestar de por lo menos otra persona que experimente dificultades. Podemos empezar anotando unos cuantos nombres y añadir más a medida que transcurra el tiempo. A la postre, acumularemos una lista de muchas páginas.

Hay miles de millones de personas en este planeta que requieren atención y apoyo. En ese sentido, deseamos que cualquier progreso que hagamos les proporcione de alguna manera un mínimo de la ayuda que necesitan. Tal vez solo ayudemos directamente a un pequeño número de personas, pero todos pueden ser incluidos en nuestras aspiraciones.

Establecer nuestra motivación de esta manera se conoce como «generar *bodhicitta*», el corazón de la compasión, o, como lo denomina Dzigar Kongtrul Rinpoché, «la mente del despertar». Practicamos el Dharma no solo para ayudarnos a nosotros mismos, sino también para ayudar al mundo.

2. Cambio continuo

Algunas personas creen que la consciencia termina en el momento de la muerte, mientras que otras consideran que la consciencia continúa. Sin embargo, todo el mundo está de acuerdo en que, durante nuestra vida actual, las cosas tienen una cierta continuidad. Y mientras persisten, cambian de continuo. Las cosas terminan y nacen constantemente. Hay un proceso ininterrumpido de muerte y renovación, muerte y renovación. Esta experiencia, por la que pasa todo ser vivo, es lo que se conoce como «transitoriedad».

El Buddha subrayaba que la transitoriedad es una de las contemplaciones más importantes en el camino espiritual. «De todas las huellas –decía–, destaca la del elefante. Asimismo, entre todos los temas de meditación…, la idea de la transitoriedad es insuperable.»

Contemplar la transitoriedad es el sendero perfecto para acceder a las enseñanzas del *bardo* y, en general, a las enseñanzas relacionadas con la muerte. Esto se debe a que, en comparación con otros temas más complejos, el cambio continuo es fácil de percibir y comprender. Las estaciones cambian, los días cambian, las horas cambian. Nosotros mismos estamos cambiando siempre y experimentamos muchos cambios de un momento a otro. Esto es algo que ocurre a nuestro alrededor y dentro de nosotros mismos, las veinticuatro horas del día, sin detenerse ni un instante.

Sin embargo, por alguna razón, no apreciamos del todo lo que sucede, sino que tendemos a comportarnos como si las cosas fueran más estables de lo que realmente son. Tenemos la ilusión de que la vida seguirá siendo similar a como es ahora. Un ejemplo muy reciente ha sido la pandemia del coronavirus. Dimos por sentado que el mundo seguiría funcionando de un modo determinado, y de repente todo se puso patas arriba de una manera que ni siquiera podíamos imaginar.

A pesar de toda nuestra experiencia con el cambio, algo dentro de nosotros nunca deja de insistir en la estabilidad. Cualquier cambio, incluso un cambio a mejor, resulta un tanto desconcertante porque parece dejar al descubierto nuestra inseguridad subyacente acerca de la vida. Preferimos pensar que tenemos un suelo firme sobre el que apoyarnos que ver claramente que todo se halla en continua transición. Preferimos negar la realidad del cambio continuo que aceptar cómo son realmente las cosas.

Aferrarse a la sensación de permanencia también se aplica a nuestros estados emocionales. Nos sintamos bien o mal, felices o tristes, optimistas o pesimistas, tendemos a olvidar que los sentimientos son efímeros. Es como si hubiera un mecanismo que nos impidiese recordar que todo se halla siempre en movimiento. Sencillamente, nuestro estado actual de ansiedad o euforia parece ser el único modo en que concebimos nuestra vida. Cuando estamos contentos, nos decepcionamos si se desvanece dicho sentimiento positivo; cuando somos infelices, nos sentimos atrapados en nuestras emociones desagradables. Así pues, tanto si nos sentimos bien como si nos sentimos mal, nuestra ilusión de permanencia nos lleva a tener problemas.

El Buddha se refería a nuestra dificultad para aceptar la transitoriedad cuando enseñaba acerca de los tres tipos de sufrimiento. Llamó al primer tipo «el sufrimiento del sufrimiento». Se trata de la angustia evidente de la guerra, el hambre, los entornos aterradores, el abuso, el abandono, la pérdida trágica o las enfermedades graves. Es lo que solemos pensar cuando hablamos de «dolor» o «sufrimiento». Las personas y los animales que se encuentran en este tipo de situaciones pasan de un sufrimiento a otro sin apenas descanso.

Algunas personas tienen la fortuna de no experimentar el flagrante sufrimiento del sufrimiento. Comparado con lo que otros están pasando, en el momento presente las cosas les funcionan bastante bien. Sin embargo, todavía tenemos el dolor que proviene del hecho de que nada perdura. Experimentamos el deleite, pero este se alterna con la decepción. Experimentamos la plenitud, pero esta se alterna con el aburrimiento. Experimentamos el placer, pero este se alterna con el malestar. Esta alternancia, y toda la esperanza y el miedo que suscita, es en sí misma una fuente enorme de dolor.

Este segundo tipo de sufrimiento, que el Buddha denominó simplemente «el sufrimiento del cambio», nos acecha en lo más profundo como el doloroso conocimiento de que nunca podremos conseguir realmente todo aquello que queremos. Nunca conseguiremos que nuestra vida sea de manera definitiva tal como deseamos. Nunca alcanzaremos una posición en la que nos sintamos siempre bien. Es posible que en ocasiones nos sintamos cómodos y satisfechos, pero como dijo mi hija en cierta ocasión: «Ese es el problema». Dado que las cosas nos van bien con suficiente frecuencia, alimentamos la falsa esperanza de poder seguir así y pensamos: «¡Si hago todo lo que debo, estaré siempre bien!». Creo que esto es algo de lo que subyace al abuso de las drogas y el resto de nuestras otras adicciones. Este sueño de placer y comodidad permanentes es la adicción más profunda.

Todas las religiones y tradiciones de sabiduría del mundo hablan de la futilidad de aspirar a la felicidad dedicándonos a buscar cosas que no perduran. Cuando escuchamos estas enseñanzas, no nos pillan por sorpresa y durante algún tiempo podemos incluso sentirnos convencidos de ellas. Incluso empezamos a creer que es ridículo esforzarse por la felicidad de una manera tan infructuosa. Sin embargo, en cuanto pensamos en algo nuevo que queremos, toda esta sabiduría tiende a escapar por la ventana. Y entonces solo es cuestión de tiempo que la transitoriedad estropee nuestro flamante objeto. Aunque no derramemos el café sobre él durante la mañana siguiente a su llegada, nuestro placer se desvanecerá en un futuro no demasiado lejano.

El ejemplo clásico es el enamoramiento. Al principio, es la mayor euforia que existe. Pero, pasado el tiempo, puede transformarse fácilmente en el desengaño más apabullante. Cuando la euforia se desvanece y los enamorados desean seguir juntos, deben superar el desengaño y profundizar en su relación. Muchas parejas consiguen efectuar esta transición de forma magnífica, pero, aun así, toca a su fin ese placer absoluto inicial de dos personas recién enamoradas.

El tercer tipo de sufrimiento, conocido como «sufrimiento que lo impregna todo», ocurre en un nivel más profundo y sutil que los dos anteriores. Se trata del malestar constante derivado de nuestra resistencia básica a la vida tal como realmente es. Aunque queremos un fundamento sólido en el que apoyarnos, eso no es posible. La realidad es que nada permanece estable, ni siquiera durante un instante. Cuando examinamos la situación con más detenimiento, vemos que incluso las cosas aparentemente más estables cambian de continuo. Todo está en movimiento, y nunca sabemos en qué dirección irán las cosas. Si hasta las montañas y las rocas se mueven y cambian de manera impredecible, ¿cómo encontrar seguridad en algo? Esta sensación constante de inseguridad y falta de estabilidad impregna silenciosamente cada momento de nuestra existencia. Es el malestar sutil que subyace tanto al sufrimiento del sufrimiento como al sufrimiento del cambio.

De nuevo, podemos fijarnos en el ejemplo del enamoramiento. Gran parte de la emoción que lo acompaña se deriva de la frescura que este nuevo amor aporta a nuestra vida. Todo nuestro mundo se siente renovado. Pero a medida que transcurre el tiempo, empezamos a querer que las cosas sigan siendo exactamente como nos gusta. Es entonces cuando el sufrimiento que lo impregna todo asoma la cabeza y la fase de luna de miel toca a su fin. A medida que se desvanece la novedad, los amantes empiezan a percatarse de ciertas cosas, como que el otro es tacaño o demasiado crítico. De alguna manera, cae el velo y empiezan a parecer irritantes el uno al otro, simplemente por ser como son. Lo que suele ocurrir a continuación es que tratan de mejorar al otro, de hacer que su pareja se adapte. Pero ese enfoque solo consigue empeorar las cosas. La única manera de que las relaciones funcionen de verdad es cuando ambas personas son capaces de dejar las cosas como están y trabajar con la otra persona tal como es. Esto significa superar parte de su resistencia general al modo en que es la vida, en lugar de la vida tal y como quisieran que fuese.

A menudo escuchamos a la gente decir cosas como «No te preocupes, todo se arreglará». Siempre he interpretado esto como un intento de tranquilizarnos diciéndonos que las cosas acabarán saliendo como queremos. Sin embargo, la mayor parte de las veces, no conseguimos lo que queremos, e incluso cuando lo hacemos, nuestro placer es fugaz. Y muchas otras veces obtenemos lo que *no queremos*, es decir, las vicisitudes de la vida.

Trungpa Rinpoché tenía un dicho relacionado con esto: «No confíes en el éxito. Confía en la realidad». Creer que las cosas saldrán como queremos es «confiar en el éxito», el éxito según nuestros propios parámetros. Pero, por propia experiencia, sabemos muy bien que el éxito no es fiable. En ocasiones, las cosas salen como deseamos; otras, no. «Confiar en la realidad» es un estado mental mucho más abierto y relajado. La realidad va a tener lugar, de una manera u otra. Podemos contar con ello. De hecho, es algo muy profundo y, al mismo tiempo, completamente simple. La «realidad» se refiere a las cosas tal como son, libres de nuestras esperanzas y temores. Sabiendo que es de esa manera, nos abrimos al placer y al dolor, al éxito y al fracaso, en lugar de sentirnos víctimas de una venganza personal cuando no obtenemos el trabajo que queremos, cuando no conseguimos la pareja que deseamos o cuando caemos enfermos. Este es un enfoque radical que va en contra de nuestra manera convencional de ver las cosas. Estamos abiertos tanto a lo deseado como a lo no deseado. Sabemos que las cosas cambiarán, igual que cambia el clima. Y, como el buen o el mal tiempo, el éxito y el fracaso forman igualmente parte de la vida.

El sufrimiento que lo impregna todo se refiere a nuestra lucha constante contra el hecho de que todo está abierto, que nunca sabemos lo que va a suceder, que nuestra vida no está escrita y que se desarrolla sobre la marcha, y que hay muy poco que podamos hacer para controlarla. Experimentamos esta lucha como un zumbido persistente de ansiedad en el fondo de nuestra vida. Esto proviene del hecho de que las cosas son transitorias. Todo en el universo fluye. El suelo sólido que pisamos cambia de instante en instante.

Sin embargo, como afirma Thich Nhat Hanh, «No es la transitoriedad lo que nos hace sufrir. Lo que nos hace sufrir es querer que las cosas sean permanentes cuando no lo son». Podemos seguir resistiéndonos a la realidad, o aprender a contextualizar las cosas de una manera nueva, viendo que nuestra vida es algo dinámico y vibrante, una aventura increíble. Entonces estaremos realmente en contacto con la frescura de cada momento, tanto si pensamos que nuestro amante es perfecto como si no. Si abrazamos de esta manera el cambio continuo, empezaremos a advertir que poco a poco se calma y se desvanece el zumbido de la ansiedad.

3. Recuerdos fugaces

Durante algunos de los retiros que dirijo, recitamos este canto por la mañana: «Como una estrella fugaz, un espejismo, la llama de una vela, una ilusión, una gota de rocío, una burbuja de agua, un sueño, un relámpago, una nube: contempla de este modo los *dharmas* condicionados». Estas palabras pretenden grabar en nuestra mente la transitoriedad para que nos acostumbremos a su presencia en nuestra vida y aprendamos a hacernos amigos de ella. La expresión «*dharmas* condicionados» se refiere a todo aquello que surge: lo que ha comenzado y está en proceso de cambio y que en un momento dado terminará; es decir, todos los fenómenos. Todo lo que hay bajo el sol tiene la cualidad fugaz de una gota de rocío o un relámpago. En los retiros, recomiendo que la gente memorice este canto para que pueda repetírselo y contemplarlo mientras caminan por el lugar y cuando regresan a casa.

Darse cuenta de la fugacidad de todas las cosas y de la frescura de cada momento equivale a percatarse de que siempre nos hallamos en un estado de transición, en un estado intermedio, lo que denominamos un *bardo*. Hace unos años, estaba comiendo con Anam Thubten Rinpoché, un maestro tibetano al que admiro mucho. Llevaba conmigo toda una lista de preguntas referentes al *bardo* y lo que dice *El libro tibetano de los muertos* al respecto. Le estaba formulando mis preguntas y, en un momento dado, me dijo: «¿Sabes, Ani Pema?, siempre estamos en el *bardo*». Yo había oído esta noción, expresada por Trungpa Rinpoché, pero quería escuchar la explicación de Anam Thubten, de manera que le dije: «Bueno, Rinpoché, usted y yo estamos sentados aquí almorzando. ¿Qué tiene que ver el *bardo* con eso?».

Ya escribí sobre este asunto en otro lugar, pero su respuesta me impresionó tanto que creo que merece la pena repetirla. «Esta mañana –me respondió– he ido a la tienda de arte con un amigo para comprar materiales para hacer caligrafía. Compramos tinta, pinceles y papel. Ahora esa experiencia parece una vida pasada, una vida entera que tuvo un comienzo parecido a nacer. Luego perduró un tiempo y pasó por diferentes etapas: mirar los artículos en la tienda, elegir los materiales y pagarlos. Luego mi amigo y yo nos separamos y esa vida llegó a su fin. Ahora es un recuerdo y aquí estoy comiendo con vosotros, disfrutando de otra vida. Pronto esta vida tocará a su fin y se convertirá en otro recuerdo. Y este proceso de comienzos y finales, de nacimientos y muertes, nunca cesará. Seguirá, seguirá y seguirá para siempre.»

Nos hallamos de continuo en algún tipo de *bardo* porque la transitoriedad no descansa. Nunca hay un momento en el que no estemos en transición, y aunque no lo creamos, esto es una buena noticia. Todos los elementos que conforman este instante único de nuestra vida surgieron en algún momento; pronto esos elementos se dispersarán y la experiencia terminará. Ahora mismo podemos estar sentados en nuestra silla leyendo este libro o conduciendo nuestro coche y escuchando la versión de audio. Estemos donde estemos, la luz tiene su propia cualidad particular. Olemos determinados aromas y escuchamos determinados sonidos de fondo. Hace una hora, probablemente estábamos haciendo algo por completo diferente, algo que solo recordamos de manera parcial. Dentro de una hora, la experiencia del momento presente también será un recuerdo. Siempre nos hallamos en un estado intermedio entre el pasado y el futuro, entre el recuerdo de lo que ocurrió antes y la experiencia que se aproxima y que pronto se convertirá también en recuerdo.

Mi almuerzo de aquel día con Anam Thubten no se repetirá. Aunque vuelva a almorzar con él en el mismo lugar, disfrutemos de la misma comida y hablemos de los mismos temas, nunca podremos recrear lo que ocurrió la última vez. Ese momento se ha marchado para siempre.

Contemplar el cambio continuo es una experiencia conmovedora que puede resultar triste o aterradora. En ocasiones, cuando me encuentro en un retiro largo y todos los días hago más o menos lo mismo, me doy cuenta de pronto: «¿Otra vez es domingo? ¿Cómo es posible? Termina de ser domingo». Quiero que el tiempo vaya más despacio. La velocidad a la que se mueve el tiempo me deja sin aliento. Y ese sentimiento es especialmente poderoso durante la vejez. Cuando pienso en mi infancia, el verano era muy largo, pero ahora termina en un abrir y cerrar de ojos. Es positivo permitir que ese sentimiento penetre en nosotros. Tenemos que permitir y experimentar ese sentimiento de vulnerabilidad y ternura.

Sentir tristeza o ansiedad es algo natural cuando reflexionamos sobre el paso del tiempo y el desvanecimiento de todas nuestras experiencias. En las evocadoras palabras de Trungpa Rinpoché, nuestras experiencias son «recuerdos de la fugacidad». Tal vez resulte desgarrador advertir cómo la muerte y la pérdida ocurren de continuo. Darnos cuenta de que siempre nos hallamos en un momento de transición puede hacernos sentir inestables. Sin embargo, este tipo de sentimientos no son una señal de que algo vaya mal. No tenemos que tratar de reprimirlos. No tenemos que etiquetarlos como negativos ni rechazarlos de ninguna manera. En su lugar, podemos desarrollar una actitud abierta hacia las emociones dolorosas que nos despierta la transitoriedad. Debemos aprender a sentarnos con esos sentimientos, a sentir curiosidad por ellos, a ver lo que nos ofrece la vulnerabilidad. En ese mismo miedo, en esa misma melancolía, se halla nuestro corazón compasivo, nuestra inconmensurable sabiduría, nuestra conexión con los demás seres vivos de este planeta, cada uno de los cuales atraviesa su propio *bardo*. Cuando nos mantenemos presentes a nuestra experiencia transitoria y a todo lo que evoca su fugacidad, entramos en contacto con nuestro ser más valeroso, con nuestra naturaleza más profunda.

Uno de los estudiantes del retiro de *bardo* de Gampo Abbey tenía una manera profunda y valiente de trabajar con este tipo de tristeza y malestar. «Estar en un momento de transición es incómodo –decía–. Da la sensación de que no es el lugar donde queremos estar. Pero creo que ahí es precisamente donde tenemos que estar. Debemos encontrar la manera de descansar en eso, lo cual exige mucha valentía, intención y compromiso».

En mi opinión, esas palabras captan el espíritu del adiestramiento para abrazar la transitoriedad. En lugar de considerar que nuestra tristeza constituye un problema, la consideramos una señal de que hemos comprendido algo. Estamos empezando a captar el estado de ánimo o la cualidad de por qué no nos gusta vivir en la transitoriedad. Estamos experimentando directamente nuestra resistencia al flujo continuo de la vida.

Si seguimos acostumbrándonos a estar presentes con este flujo, desarrollaremos poco a poco la confianza de que somos lo suficientemente grandes como para albergar la tristeza. En lugar de esperar el «éxito», poco a poco aprenderemos a confiar en la realidad. Se trata de una cuestión de entrenamiento, de ejercitar los músculos cada día. Practicar este nuevo enfoque de nuestra existencia nos permitirá enfrentarnos a cualquier cosa que ocurra –deseada o lo contrario, salud o enfermedad, vida o muerte– con alegría y gracia.

4. Tal como vivimos, morimos

Mi amiga Judith, con algo más de treinta años, estaba casada, tenía dos hijos pequeños, y se le rompió el corazón cuando desarrolló un cáncer terminal. Al principio, pasó por las clásicas etapas de aceptación de la muerte: negación, ira, etcétera. Entonces la familia decidió trasladarse a un pequeño pueblo de Colorado, cerca de donde Judith había crecido. Alquilaron una casa y toda la familia y una buena amiga se tomaron un tiempo para estar con Judith y apoyarla. Los niños siguieron yendo al colegio, pero, aparte de eso, su principal objetivo era su madre. Todos hablaban libremente de la muerte. Por fortuna, Judith tuvo tiempo de acostumbrarse al hecho de que iba a morir. Leyó y contempló las enseñanzas del *bardo* y se familiarizó con las etapas de la muerte y con la idea de que esta se produce a cada momento. A medida que pasaba el tiempo, se sentía cada vez más feliz. «No tiene ningún sentido –decía–. Mis hijos pequeños están jugando aquí y yo estoy muy contenta».

A medida que iba enfermando, sus pulmones empezaron a llenarse de líquido y tuvo que dormir en un sillón reclinable. Una mañana, estaba tumbada en el sillón, totalmente relajada, acompañada de su marido y su amiga. De repente, se señaló la boca. Le preguntaron si quería agua, pero ella negó con la cabeza. Tras unas cuantas conjeturas más, su marido dijo: «¿Me estás diciendo que no puedes hablar?». Ella asintió. Luego se señaló los ojos. Una vez más, tardaron en darse cuenta de que no podía ver. Su marido llamó inmediatamente al médico. Pero ella se quedó allí, feliz y sonriente, tan tranquila como podía estarlo. Sabía que se estaba muriendo y se marchó. Fue capaz de permitir que la transitoriedad se desarrollara sin resistirse a ella. Antes de enfermar, nadie podía imaginar que aquella joven pelirroja de lengua afilada se marcharía con tanta serenidad. Pero así lo hizo. Me gustaría morir de ese modo.

Si hemos estado en presencia de varias personas en el momento de la muerte, sabremos lo diferente que puede ser el final para cada persona. He visto a personas que se dejan ir felizmente, sin sensación de lucha, como hizo Judith. Son capaces de dejarse llevar. También estuve con una persona que se resistió hasta el último momento, prácticamente gritando todo el tiempo. Fue una experiencia aterradora para mí. Ver eso me hizo pensar: «Si hay algo que pueda hacer ahora para prepararme, quiero hacerlo».

No puedo decir con certeza lo que ocurre después de la muerte, pero estoy completamente segura de que no quiero morir como si alguien me empujara a un negro abismo. Por ese motivo, a lo largo de los años he hecho un gran esfuerzo por acostumbrarme a la inevitabilidad de mi muerte. La idea del renacimiento tiene sentido para mí y, cuando la gente me pregunta si creo en él, respondo afirmativamente. Pero me gusta añadir: «Si resulta que no es cierto, también estoy preparada».

Por otra parte, aunque creamos que estamos preparados, nunca lo sabremos hasta que llegue realmente el momento. Hace unos años, me sometí a una prueba de realidad virtual para ver cómo me desenvolvía en distintas situaciones incómodas. Me fue bien con los vuelos. Me fue bien con los reptiles y las arañas. Pero había una simulación en la que subía unos cuarenta pisos en un ascensor y las puertas se abrían y debía salir a un tablón. Se suponía que debía caminar por el tablón durante un rato y luego saltar. Si bien la simulación tenía lugar en una pequeña sala de una universidad y yo estaba de pie sobre una tabla apoyada firmemente en el suelo, las palmas de las manos me sudaban tanto que apenas podía sostener los mandos que debía manejar. Avancé como si realmente estuviera a cuarenta pisos de altura y, cuando llegó el momento en que debía saltar, me quedé paralizada. Después de un tiempo vergonzosamente largo, pude efectuar el salto, que en realidad tan solo era de unos pocos centímetros.

Ahora me gustaría volver a caminar por ese tablón, no porque la recuerde como una experiencia divertida, sino porque podría ayudarme a prepararme para la muerte. Ahora me diría: «Estás a pocos centímetros del suelo. Cuando saltes, no va a suceder nada, aunque parezca que estás a cuarenta pisos de altura y haya todos esos coches diminutos allá abajo. Esto es una útil comprobación de realidad. La ausencia de suelo que sientes en este instante es similar a la que experimentarás cuando mueras. Más vale que te acostumbres ahora».

No disfrutamos de la incertidumbre, la inseguridad y la falta de fundamento. No buscamos la vulnerabilidad y la crudeza. Estos sentimientos nos incomodan y hacemos todo lo posible por evitarlos. Sin embargo, esos estados de ánimo siempre nos acompañan, si no de manera flagrante, sí al menos sutilmente, en el fondo. Hasta cierto punto, siempre sentimos que estamos en un tablón a cuarenta pisos de altura. Este es el sufrimiento que lo impregna todo, descrito por el Buddha.

En diferentes momentos de nuestra vida, experimentamos de forma aguda la ausencia de fundamento. Nos mudamos a un nuevo lugar, nuestros hijos se van de casa o recibimos de repente una mala noticia. Una inundación, un huracán o un incendio arrasan con toda nuestra vida en pocas horas. Tal vez tengamos que huir de nuestra patria, como hicieron los tibetanos, y como hacen ahora innumerables personas. Nos convertimos en refugiados, sin llevar nada más que lo que podemos cargar, y tal vez ni siquiera eso. En ocasiones, esto es totalmente inesperado. De repente, perdemos nuestro hogar, nuestro país, nuestras costumbres y tradiciones. ¿Y entonces qué? La vida sigue y nos encontramos en un nuevo lugar, un lugar muy vulnerable.

Mi experiencia intensa de ausencia de fundamento fue bastante menor comparada con lo que les ocurre a muchas personas durante estos días. Sin embargo, me sacó totalmente de la vida tal como la conocía. Fue hace muchas décadas, cuando mi marido anunció de repente que me dejaba. En un momento estaba en un matrimonio duradero, y al siguiente había dejado de estarlo. Durante un tiempo, perdí completamente el rumbo y no sabía quién era. He contado esta historia muchas veces porque, en cierto modo, fue un punto de inflexión en mi vida que me hizo emprender un camino espiritual. Y, por mucho que quisiera que las cosas volvieran a ser como antes, tenía la intuición de que se me había concedido un gran regalo.

A pesar de lo mal que me sentía, no dejaba de pensar que en realidad era la oportunidad de mi vida. Algo terminaba de desaparecer en mí, dejándome en un lugar fértil y tremendamente significativo en el que podía pasar cualquier cosa e ir en la dirección que se me antojase. Era casi como volver a tener veinte años, cuando sientes que tienes ante ti todas las oportunidades del mundo. Por supuesto, durante un tiempo vacilé entre esta sensación de posibilidades ilimitadas y el deseo abrumador de volver a lo conocido. Pero, en este caso, no había forma de volver atrás. Mi única opción era avanzar, con toda la valentía que pudiera acopiar, hacia lo desconocido.

Los cambios bruscos e impactantes trastornan nuestro mundo, pero ninguna experiencia de falta de fundamento es tan poderosa e inquietante como el final de la propia vida. Si nos proponemos afrontar nuestra muerte con la misma calma que Judith, podemos intentar percibir los trastornos de nuestra vida como «grandes oportunidades». Las grandes dislocaciones y retrocesos ponen al descubierto la verdad que subyace a nuestra experiencia: que no hay nada fiable a lo que aferrarse, y que nuestra sensación de una realidad sólida y estable es solo una ilusión. Cada vez que estalla nuestra burbuja, tenemos la oportunidad de acostumbrarnos más a la naturaleza de las cosas. Si somos capaces de percibirlas como oportunidades, estaremos en una excelente posición para afrontar el final de nuestra vida y estar abiertos a lo que ocurra después.

Morimos tal como vivimos. Para mí, este es el mensaje más importante de las enseñanzas del *bardo*. La manera en que afrontamos los cambios más pequeños en el presente es una señal de cómo afrontaremos los cambios más grandes que ocurran en el futuro. La forma en que nos relacionamos con las cosas que se desmoronan ahora presagia el modo en que nos relacionaremos con las cosas que se desmoronarán cuando muramos.

Pero no tenemos que esperar a que se produzcan cambios radicales para obligarnos a reconocer la falta de fundamento. Podemos empezar desde ahora mismo a advertir la naturaleza transitoria de cada día y de cada hora, reflexionando en las palabras de Anam Thubten acerca de cómo afrontamos continuamente finales y comienzos, finales y comienzos, una minivida tras otra.

Al mismo tiempo, podemos trabajar con nuestro miedo y ansiedad generales originadas en el hecho de no tener el control. En lugar de reconocer que la vida y la muerte son siempre imprevisibles, la mayoría de las veces preferimos vivir en una ilusión de control y seguridad. En realidad, a menudo me he preguntado: ¿Es realmente un problema que tengamos tan poco control? ¿Es un problema que cuando planificamos nuestra jornada, rara vez resulte como habíamos previsto? ¿Es un problema que todos los planes estén escritos en el agua? Tenía todo mi año programado cuando llegó la COVID y, como les ocurrió a millones de personas, todos mis planes se borraron de repente como las palabras escritas en una pizarra.

A lo largo de los años, la gente nos dice pequeñas cosas que tienen un gran impacto. En cierta ocasión, alguien me comentó, casi de pasada: «La vida tiene su propia coreografía natural». Pensé en ello durante mucho tiempo y empecé a aprovechar esta coreografía natural y a experimentar permitiendo que hiciese lo que quisiera. Y he descubierto que la mayoría de las veces, cuando la dejo a su aire, lo que surge de esa coreografía es mucho más inspirador, creativo e interesante que cualquier cosa que se le ocurra a mi mente.

Confiar en la danza natural de la vida es otra forma de decir que debemos albergar confianza en la realidad. Podemos empezar a cultivar esta confianza dejándonos llevar por pequeños detalles. Por ejemplo, cuando enseño, me gusta experimentar permitiendo que las cosas se desarrollen por sí solas. Antes de dar las charlas que se han incluido en este libro, pasé mucho tiempo leyendo y pensando en los *bardos* y tomé abundantes notas. Pero cuando arribé al retiro y llegó el momento de hablar delante de la gente, hice a un lado las notas y tuve curiosidad por saber si las palabras saldrían de mi boca. He descubierto que mis enseñanzas fluyen mejor si simplemente doy un paso en el espacio abierto y salto.

Si experimentamos, en la medida de nuestras posibilidades actuales, dejando que las cosas se desarrollen de manera natural, creo que nos llevaremos una grata sorpresa. Seguimos adelante y hacemos nuestros planes, pero estamos abiertos a que cambien. La consecuencia es que nuestra insistencia en la previsibilidad puede ir debilitándose. En ocasiones, nuestro viejo hábito seguirá siendo demasiado seductor y será casi imposible confiar en la coreografía natural. En ese caso, el mejor consejo que me han dado es que me dé cuenta de la tendencia al control y la acepte con amabilidad. Esto es muy diferente a querer controlar todo sin pensar, sin ser conscientes de lo que estamos haciendo y sin sentir su absurdo. Solo es cuestiónde percibir nuestro hábito y de no criticarnos por ello. Este tipo de sencilla autorreflexión también nos hará sentir empatía hacia todas las demás personas que tanto desean tener el control, es decir, casi todo el mundo sobre este planeta.

Habituarnos un poco cada día a la falta de fundamento de la vida nos reportará grandes beneficios al final de la misma. De alguna manera, a pesar de su presencia en nuestra existencia, aún no estamos acostumbrados al cambio continuo. La incertidumbre que acompaña a cada día y a cada momento de la vida sigue siendo una presencia desconocida. Al contemplar estas enseñanzas y prestar atención al flujo constante e imprevisible de nuestra experiencia, quizá empecemos a sentirnos más relajados con el modo en que son las cosas. Si podemos llevar esta relajación a nuestro lecho de muerte, estaremos preparados para lo que suceda después.

5. El *bardo* de la agonía: cuando se disuelven las apariencias de esta vida

«Cuando se disuelvan las apariencias de esta vida,
que yo, con gran facilidad y felicidad,
me libere de todos los apegos a esta vida
como un hijo o una hija que retorna a su hogar.»

Estas palabras de Dzigar Kongtrul Rinpoché siempre me han parecido muy poderosas, en especial la imagen del niño que regresa a casa en un estado de tranquilidad y gran felicidad. Se refieren al proceso de la muerte, es decir, al periodo comprendido entre el momento en que sabemos que nos vamos y nuestro último aliento. He enseñado esta oración a numerosas personas al final de sus vidas, incluida una monja de Gampo Abbey que la repitió una y otra vez mientras moría. Es posible que yo haga lo mismo.

¿Qué significa que las apariencias de esta vida se disuelven y cómo puede eso convertirse en una experiencia de paz y alegría? Según la cosmovisión tibetana, nuestros cuerpos están formados por cinco elementos: tierra, agua, fuego, aire y espacio. El elemento tierra tiene que ver con la solidez del cuerpo: huesos, músculos, dientes, etcétera. El elemento agua son los distintos fluidos, como sangre, linfa y saliva. El elemento fuego corresponde al calor corporal. El elemento aire se vincula con la respiración. El elemento espacio está relacionado con las cavidades de nuestro cuerpo, con todos los espacios abiertos. Y también hay un sexto elemento no físico que interviene: la consciencia.

Según *El libro tibetano de los muertos*, durante el proceso de la muerte, estos elementos se disuelven unos en otros, desde los más burdos hasta los más sutiles. Aunque esta presentación nos parezca extraña o anticuada, los trabajadores de los centros de cuidados paliativos me han dicho que también reconocen estas etapas en sus pacientes. Describiré la progresión tradicional al tiempo que reconozco que tanto los cuidadores del final de la vida como los maestros tibetanos nos aseguran que, al igual que ocurre en otras etapas de la vida, el orden de la disolución varía entre diferentes individuos. Eso también es imprevisible.*

En primer lugar, el elemento tierra se disuelve en el elemento agua. La persona moribunda se siente pesada. En ocasiones dice: «Siento que me estoy hundiendo. ¿Podéis levantarme?». Al mismo tiempo, su vista comienza a debilitarse. A continuación, el elemento agua se disuelve en el elemento fuego. Los líquidos empiezan a secarse. El moribundo siente mucha sed y suele pedir algo de beber. No podemos retener nuestros líquidos. Nuestro oído también comienza a desaparecer. Entonces el elemento fuego se disuelve en el elemento aire y sentimos frío. Por mucho que subamos la calefacción, por muchas mantas que tengamos puestas, no podemos entrar en calor. Durante la siguiente etapa es el elemento aire el que se disuelve en la

---

*   En el apéndice C, en la página 199, aparece una tabla con las etapas de la disolución y sus diferentes cualidades.

consciencia. Cada vez resulta más difícil respirar. Las exhalaciones se alargan y las inspiraciones se acortan. Hay grandes intervalos entre las respiraciones. Por último, después de unas cuantas exhalaciones prolongadas, nuestra respiración llega a su fin. Como señala Trungpa Rinpoché: «Exhalamos y seguimos. No hay más inhalaciones».

En este punto, cesan las percepciones sensoriales ordinarias. También cesan los pensamientos, emociones, patrones habituales y neurosis. Desaparece todo aquello que había ocultado nuestra verdadera naturaleza. Todo lo que considerábamos «yo» se ha disuelto. Una vez que se disuelven las apariencias de esta vida, retornamos a la simplicidad natural de nuestra auténtica naturaleza.

Según la medicina occidental, la persona está muerta. La vida ha terminado. Sin embargo, las enseñanzas budistas nos aseguran que sigue un proceso interno, conocido como «disolución interior». En esta disolución final de nuestra vida, el elemento de la consciencia se disuelve en el espacio. Este proceso también es imprevisible, pero en general se afirma que dura unos veinte minutos. Por ello, las enseñanzas recomiendan dejar el cuerpo en paz, sin tocarlo ni moverlo, durante al menos ese tiempo, y preferiblemente mucho más.

Si estamos preparados para ello, la disolución interior nos ofrece una oportunidad increíble. Se dice que tiene lugar en tres etapas durante las cuales tenemos tres poderosas experiencias de distintos colores. En primer lugar, la luz del entorno se vuelve blanca, como un cielo sin nubes iluminado por la luna llena. A continuación, percibimos el color rojo, como el cielo al atardecer. Por último, percibimos el negro, como un cielo nocturno sin luna ni estrellas. En este punto, nos sumergimos en un estado de inconsciencia y se completa el proceso de disolución.

Lo siguiente que ocurre, según las enseñanzas, es que un yo carente de ego recupera la consciencia y se experimenta la mente de forma completamente desnuda, sin obstrucciones. A esto se le denomina en ocasiones «la mente de la luz clara de la muerte». Aunque esta experiencia solo perdura un instante, como veremos, prepararse para ella permite cortocircuitar el ciclo de nacimiento y muerte y provocar en el acto el completo despertar. Se considera una oportunidad tan valiosa que todos mis principales maestros han hecho hincapié en que la preparación para ella constituye uno de los esfuerzos más importantes de la vida.

Para ver cómo es posible algo así, es necesario comprender la esencia más íntima de nuestra mente. Cuando hablamos de la mente despierta, a menudo utilizamos adjetivos como «completamente abierta», «sin obstáculos», «sin prejuicios» e «ilimitada». Pero lo sorprendente es que estas palabras también se aplican a *nuestra* propia mente, así como a la mente de nuestro primo, de nuestro jefe, de nuestro irritante vecino, de todo el mundo.

Tradicionalmente, esta mente universal despierta se compara con el cielo. Desde nuestra perspectiva en tierra, el cielo aparece despejado algunos días, mientras que se encuentra oscurecido en otros. Pero no importa lo nublado y oscuro que esté, si subimos a un avión, vemos que el vasto cielo azul está, y siempre ha estado, justo ahí: todo el día, todos los días.

Para muchos de nosotros, cuando se trata de la mente similar al cielo, el clima parece casi siempre nublado. En lugar de estar despiertos a la vitalidad del mundo fenoménico y a su flujo continuo de nacimiento y muerte, vivimos en una versión de la realidad en la que a menudo nos sentimos completamente distraídos y perdidos en nuestros propios pensamientos. No estamos en sintonía con el hecho de que todo –desde nuestro entorno hasta nuestros seres queridos, pasando por nuestro propio cuerpo– cambia instante en instante. No nos damos cuenta de que nuestras emociones e historias carecen de sustancia real y son tan efímeras como la niebla.

Estos pensamientos y emociones nos parecen tan sólidos que oscurecen por completo la claridad abierta de nuestra mente. Sin embargo, de vez en cuando, vislumbramos el cielo azul a través de un hueco en las nubes. Esto suele ocurrir cuando algo inesperado interrumpe el funcionamiento habitual de nuestra mente. Por ejemplo, en los años ochenta, caminaba por una calle de Boulder, Colorado, con mi túnica granate, completamente absorta en mis pensamientos. Un coche lleno de universitarios pasó a mi lado y uno de ellos bajó la ventanilla y gritó: «¡Búscate un trabajo!». (Fue muy desorientador porque resulta que me dirigía a mi trabajo.) Durante unos momentos, mi mente habitual se detuvo y lo percibí todo de una manera totalmente nueva. Gracias a esos chicos, experimenté un gran vacío entre las nubes.

Los atisbos del cielo pueden arribarnos de muchas maneras, pero a menudo implican una experiencia de ausencia de fundamento. El sonido de una explosión nos sobresalta y desorienta. Casi resbalamos en el hielo. Recibimos una noticia inesperada, muy mala o muy buena. De la nada, nuestra mente se detiene y miramos hacia afuera y encontramos un mundo vívido y atemporal.

Por lo general, no aprovechamos esos breves destellos de visión profunda. Pero si tenemos aunque sea un atisbo del gran cielo, aprenderemos a valorar estas experiencias y empezaremos a cultivarlas. Se podría decir que este es uno de los principales objetivos de la meditación: reducir la velocidad lo suficiente como para darnos cuenta de que siempre hay espacios en nuestra experiencia densa y rebosante de pensamientos, y familiarizarnos con estos espacios como si fuesen destellos de la naturaleza no fabricada y no conceptual de la mente.

De este modo, poco a poco nos damos cuenta de que nuestra mente está siempre abierta y es ilimitada. Pero incluso cuando no somos conscientes de ella, nunca se va a ninguna parte y podemos volver a conectar con ella en cualquier momento. Con la ayuda de la práctica de la meditación, empezamos a comprender realmente que las nubes son transitorias y que el cielo siempre está ahí. Como señalaba en cierta ocasión Trungpa Rinpoché: «Al principio hace falta que casi nos atropelle un camión para despertar, pero después de un tiempo, basta con que el viento mueva la cortina».

Según las enseñanzas del *bardo*, podemos considerar el proceso de disolución que ocurre durante el proceso de la muerte como un proceso de reducción y apertura de las nubes. A medida que se produce cada etapa, desde la disolución del elemento tierra en adelante, las nubes se dispersan cada vez más. Todo se desmorona: nuestro cuerpo, nuestras percepciones sensoriales, nuestras emociones, nuestros procesos de pensamiento. Por supuesto, esto puede resultar desestabilizador y aterrador. Pero si hemos practicado para familiarizarnos con la disolución continua que tiene lugar durante nuestra vida, la ronda continua de muertes y renacimientos, entonces seremos capaces de entrar en la experiencia de la muerte sin temor alguno, preparados para afrontar lo que sobrevenga. Cuando la ausencia de fundamento se haya convertido en un territorio familiar para nosotros, la ausencia de fundamento definitiva de la muerte ya no nos parecerá tan amenazadora.

Podemos entonces experimentar el final de esta vida como una entrada en el despertar. A través de las etapas de disolución, las nubes se desvanecen, revelando el cielo prístino de la mente en su completa claridad. Justo aquí tenemos una importante oportunidad, la de reconocer que esta vasta consciencia como-el-cielo es nuestra propia naturaleza innata y luego dejarnos llevar y relajarnos en ese estado, como el niño que retorna a su hogar.

Sin embargo, para la mayoría de la gente, esta oportunidad arriba y desaparece en un instante. Todos sin excepción –incluso el más pequeño de los insectos– tienen una experiencia fugaz de la consciencia infinitamente abierta, pero se dice que muy pocos la reconocen, de manera que pasa completamente desapercibida. Una de las principales razones por las que existen *El libro tibetano de los muertos* y otras enseñanzas del *bardo* es la de preparar a las personas para que reconozcan lo que ocurre durante el proceso de la muerte, de modo que aprovechen las oportunidades cuando surjan. Como veremos en capítulos posteriores, el momento de la disolución no es nuestra única oportunidad de alcanzar la iluminación durante el proceso de la muerte. Por suerte para nosotros, incluso en el *bardo*, nunca es demasiado tarde para volver a intentarlo.

6. La historia de Mingyur Rinpoché

Para hacer el tema de la disolución un poco menos esotérico, me gustaría contar una historia sobre alguien que realmente estaba preparado, gracias al estudio y la práctica, para reconocer y experimentar el proceso de disolución durante una experiencia cercana a la muerte. Se trata de una historia relatada por Yongey Mingyur Rinpoché en su libro *Enamorado del mundo: El viaje de un monje a través de los bardos de la vida y la muerte.*

Mingyur Rinpoché, un maestro muy popular procedente de una ilustre familia de maestros tibetanos, era abad de un monasterio en Bodhgaya (India), el lugar donde el Buddha alcanzó la iluminación. Durante los primeros treinta y seis años de su vida, había sido protegido y privilegiado. En su infancia, fue reconocido como *tulku*, la reencarnación de un maestro iluminado anterior. Su padre, el gran maestro de meditación Tulku Urgyen Rinpoché, lo educó como su hijo y su discípulo. En su casa de Nepal, sus padres le colmaban de amor y cariño y nunca le dejaban ir solo a ningún sitio. Incluso después de salir de casa para comenzar sus estudios formales, siempre estuvo protegido por su papel y su estatus. Esta situación continuó en la edad adulta. Antes de los treinta y seis años, nunca había estado solo en el mundo exterior durante toda su vida.

Entonces, en junio del año 2011, se levantó en medio de la noche y dejó el monasterio para embarcarse en un retiro errante que duraría más de cuatro años. Había realizado muchos retiros en el pasado, incluso uno de tres años, pero todos habían tenido lugar en monasterios o ermitas. El retiro errante había sido su sueño desde muy joven; hacía tiempo que le inspiraban las historias de ascetas que vivían libre y espontáneamente, tomando cualquier alimento o refugio que se les presentara.

Lo único que portaba consigo eran dos textos budistas, una pequeña cantidad de dinero y la ropa que llevaba puesta. Nadie sabía de su partida. Cuando su asistente entró en su habitación a la ta de siguiente, encontró una carta de despedida en la que Mingyur Rinpoché expresaba su deseo de seguir los ejemplos de los yoguis errantes del pasado, como Milarepa, que pasó la mayor parte de su vida meditando en cuevas remotas y lugares sagrados. Y, para seguir guiando a sus alumnos, Mingyur Rinpoché había dejado un curso de estudio bien organizado, con sencillas instrucciones de meditación, junto con cientos de horas de enseñanzas grabadas.

Antes de dejar del monasterio, la perspectiva de ese retiro tenía un toque romántico: cuevas, hermosos lagos y agradables viajes en tren. Su único plan era tomar el primer tren a Varanasi, la antigua ciudad a orillas del Ganges donde hindúes y budistas han llevado a cabo prácticas espirituales durante milenios. Pero antes tuvo que averiguar cómo comprar el billete de tren porque nunca antes lo había hecho. Luego, cuando subió al tren en el compartimento más barato, su experiencia abrumadora fue la aversión. Estaba increíblemente abarrotado; todo el mundo olía mal y tenía un aspecto horrible; podía ver piojos en el pelo de la gente. Nadie respetaba su túnica budista y le empujaban como a los demás.

Sin embargo, seguía diciéndose a sí mismo que eso era lo que quería: que todo se desmoronara y que su forma habitual de ser no funcionase en absoluto. Quería poner a prueba su práctica en medio de esas circunstancias. Y lo que me resulta tan inspirador es que no se limitó a vivir su experiencia. Le invadió el miedo y la aversión, igual que al lector y a mí. Utilizó todas las prácticas que le habían transmitido, sin importarle si eran para «principiantes» o «avanzadas». En cualquier situación que se le presentaba, hacía todo lo posible por mantenerse presente y trabajar con su mente, aunque sintiera asco o miedo hasta el punto de no poder soportarlo.

No mucho después de ese viaje en tren, se dirigió a Kushinagar, el lugar donde falleció el Buddha, y pasó la mayor parte del tiempo meditando en un parque que conmemora su muerte. Durante un periodo, tuvo dinero para alojarse en una casa de huéspedes y comprar comida en las calles. Pero, cuando se le terminó el dinero, tuvo que empezar a mendigar y a dormir a la intemperie. Durante esta transición, dejó de vestir sus ropas budistas de color granate y comenzó a usar las ropas azafrán de un *sadhu*, un renunciante hindú. Consideró que este cambio era una parte importante para avanzar hacia lo desconocido. Las túnicas budistas siempre le habían cobijado y le habían dado un sentido de identidad, y quería ir más allá de todos sus puntos de referencia habituales, sin nada a lo que aferrarse ni tras lo que esconderse.

Mendigar era muy duro para él. Le costaba mucho tener que acercarse a alguien y pedirle comida. El primer lugar donde mendigó fue en un puesto de comida al que acudía regularmente. El encargado se dio cuenta de su cambio de ropa y le dijo: «¡Ahora eres hindú!». Entonces el hombre le dijo con toda naturalidad que volviera por la noche, cuando sacaban para los mendigos toda la comida de los platos. Pasó buena parte del día meditando sobre su vergüenza, utilizando las enseñanzas para trabajar con esa emoción, y para cuando volvió al puesto, estaba listo para aceptar las sobras. Estaba tan hambriento que dijo que disfrutó más de esa comida que de cualquier cosa que hubiera comido en un hotel de cinco estrellas.

Su primera noche durmiendo al aire libre fue cerca de la Estupa de la Cremación, un gran montículo de tierra que contiene las reliquias de la cremación del Buddha, no pudo dormir por culpa de los mosquitos y, a la mañana siguiente, tuvo calambres en el estómago. Durante ese día, mientras meditaba, empezó a tener diarrea y por la noche vomitó.

Cuando las cosas empeoraron en los días siguientes, se dio cuenta de que se estaba muriendo. La primera señal que reconoció fue que el elemento tierra se disolvía en agua. Empezó a sentirse tan pesado que parecía que su peso podría hundirlo bajo la superficie de la tierra. La otra señal de esta disolución fue que su visión se volvió borrosa. Entonces se palpó la boca con la lengua y no había saliva. Estaba demasiado deshidratado para que su cuerpo generase fluidos, y comprendió que el elemento agua se estaba disolviendo. En ese momento pensó: «Está sucediendo. Es mi gran oportunidad». (¿Nos imaginamos siquiera mantener una actitud tan intrépida?) En ese momento sintió mucho frío y, como el aire de fuera era extremadamente caliente, lo tomó como una señal inequívoca de que el elemento fuego se estaba disolviendo. Después, al disolverse el elemento aire en la consciencia, sintió que se inflaba como un globo cada vez que inhalaba.

Seguía teniendo la sensación de ser una persona concreta que afrontaba una determinada experiencia. Seguía sintiendo que «Mingyur Rinpoché» observaba y seguía lo que ocurría. Pero, como él mismo describe, su mente conceptual se estaba «agotando». Y, al mismo tiempo, su verdadera naturaleza se tornaba cada vez más intensa. Entonces, en un momento dado, casi se desmayó y aparecieron ante su mente destellos blancos y rojos.

Lo que ocurrió a continuación fue algo que nunca había experimentado. Después del hecho, le resultó casi imposible describirlo con palabras, pero en su libro nos proporciona una idea de ello. Seguía habiendo una consciencia brillante, pero no era conceptual de ninguna manera. No existían yo ni otro, ni interior ni exterior, ni tiempo, ni dirección, ni vida, ni muerte. Y, al mismo tiempo, todo estaba hecho de amor. Los árboles, las estrellas, el mundo entero estaban hechos de amor.

Antes de esta experiencia, había pasado largo tiempo meditando sobre la naturaleza como-el-cielo de su mente, de manera que hasta cierto punto estaba preparado. Sus años de entrenamiento le permitieron comprender lo que estaba sucediendo. Pero su reconocimiento de la naturaleza de su mente nunca había sido tan completo.

Más tarde, calculó que estuvo en ese estado durante unas cinco horas. Sabía que estaba oscuro cuando entró en esa fase no conceptual y que había luz cuando volvió en sí. Sin embargo, esa «vuelta en sí» no se produjo de la manera ordinaria de alguien que se desmaya y luego recupera la consciencia. Si otra persona lo hubiera visto, probablemente habría creído que se había desmayado, pero en un sentido más profundo, estuvo despierto todo el tiempo, despierto a la consciencia sin nubes, a la mente abierta universal.

Por último, volvió a su cuerpo. No fue una decisión que él tomara; no había ningún sentido del «yo» implicado. Pero de alguna manera se produjo un movimiento mental, basado en el reconocimiento de que su trabajo como maestro no había terminado.

Sintió que volvía a entrar en su cuerpo. Volvió a respirar normalmente y su cuerpo se calentó. Cuando abrió los ojos, todo parecía transformado. Los árboles eran verdes como siempre, pero brillaban. Todavía estaba muy deshidratado, así que se levantó para ir a la bomba de agua. Entonces se desmayó de verdad, y cuando despertó estaba en un hospital con una vía intravenosa en el brazo. (Cómo llegó hasta allí es otra historia fascinante, que Mingyur Rinpoché también nos relata en su libro.)

Así pues, esta es la historia de alguien que realmente atraviesa el proceso de disolución de los elementos y experimenta de qué manera las nubes se separan para revelarle el cielo infinito y abierto de su mente. Mingyur Rinpoché, por supuesto, regresó, por lo que no pudo contarnos lo que habría ocurrido después si hubiese permanecido allí. Sin embargo, esta historia ilustra el poder y la importancia de entrenarse continuamente para mantener la apertura y familiarizarse con el estado intermedio permanente de la vida.

Desde la noche en que abandonó el monasterio y a través de todas las experiencias que tuvo durante los siguientes cuatro años, intentó vivir plenamente en el maravilloso flujo del nacimiento y la muerte. Su experiencia cercana a la muerte fue solo una porción de ese flujo, y tan pronto como estuvo lo suficientemente bien (que fue antes de que el médico pensara que ya estaba curado), se aventuró de nuevo en lo completamente desconocido, sin más seguridad que su mente como-el-cielo. Para mí, no hay nada más inspirador en la práctica del Dharma que percibir aquello que conduce a esa intrepidez.

7. La luminosidad madre e hija

La manera tradicional de describir la disolución final de esta vida –la consciencia disolviéndose en el espacio– tiene que ver con el encuentro de la «luminosidad hija» con la «luminosidad madre». La luminosidad hija es la experiencia de la naturaleza como-el-cielo de nuestra mente, con la que podemos familiarizarnos gracias al adiestramiento. En la tradición budista tibetana, el maestro señala dicha naturaleza al estudiante y le brinda instrucciones acerca del modo de cultivar y estabilizar la experiencia de la mente abierta y sin obstrucciones. Todas estas enseñanzas y prácticas están diseñadas para desarrollar la confianza en la luminosidad hija. Así es como Mingyur Rinpoché pasó muchos años de su vida, y por eso estaba completamente preparado para morir.

La luminosidad madre –también conocida como «luminosidad básica»– es la naturaleza última de la realidad, que no es diferente de nuestra propia naturaleza. Es el espacio infinitamente abierto de la consciencia que lo abarca todo y *a todos*. Es la bondad básica del universo, impregnada de compasión y sabiduría. Y lo que me resulta sumamente inspirador es que cualquiera de nosotros tenemos siempre la posibilidad de conectar con ella. Sin embargo, aunque se halla presente en todo momento, solo se nos revela plena y completamente –en el caso de que la reconozcamos– al final del proceso de disolución.

Cuando nos hayamos preparado adecuadamente mediante el entrenamiento en la luminosidad hija, reconoceremos a nuestra madre cuando nos muestre su rostro. Entonces, como el niño pequeño que ha estado todo el día con una niñera, correremos naturalmente hacia nuestra madre para reunirnos con ella. Como dice una de las oraciones sobre los *bardos* que recito a menudo: «Pueda liberarme tan naturalmente como un niño que corre al regazo de su madre».

La luminosidad hija se compara con el espacio contenido en el interior de un jarrón, mientras que la luminosidad madre se compara con el espacio exterior más amplio. Aunque los espacios interior y exterior están separados por el jarrón y hablamos de ellos como si fueran dos espacios distintos, su esencia es exactamente la misma. Ambos son simplemente espacio. Cuando el jarrón se rompe –un proceso análogo a la muerte–, desaparece la barrera entre ambos espacios y se funden en uno solo.

Cuando utilizamos el término «luminosidad» para hablar de la naturaleza de nuestra mente, no estamos hablando de un elemento como la luz ordinaria. La luminosidad es la cualidad de nuestra mente que es consciente. Es aquello que sabe, la forma en que conocemos lo que vemos, oímos, pensamos y sentimos, siendo también el potencial de conocer nuestra propia naturaleza verdadera. Quizá sea más útil llamarla simplemente «consciencia abierta», algo que practicar y con lo que podemos conectar.

Si nos familiarizamos con el flujo continuo de nacimientos y muertes, los *bardos* que constituyen nuestra vida, podemos llegar a percibir gradualmente con el tiempo que esta consciencia es el fondo de cada experiencia. Podemos arribar a un punto en el que la consciencia abierta nos acompaña a través de cada principio y cada final, a través de cada ascenso y cada descenso. No aparece ni desaparece. Está presente en todas las transiciones e intervalos. Es una característica permanente de nuestro paisaje mental. Tal vez nos parezca algo lejano en este momento, pero es nuestro derecho de nacimiento, una posibilidad siempre atractiva.

Pero, si intentamos localizar, describir o conceptualizar de alguna manera esta consciencia abierta, nos resultará imposible. Por mucho que busquemos, no encontraremos nada que identificar. Y, sin embargo, es posible llegar a conocer esta consciencia tan íntimamente que siempre seremos capaces de reconocerla, en cada situación que surja, incluso durante la disolución de nuestro cuerpo. Y este, por supuesto, es el momento más importante de todos.

La mayoría de las veces estamos demasiado atrapados para ser conscientes de esta apertura, atrapados en nuestros pensamientos y emociones, en nuestras esperanzas y miedos, en nuestra resistencia general a las cosas tal como son. Según la metáfora tradicional, somos como la persona desesperadamente pobre que se preocupa y lucha día y noche, pero no se da cuenta de que justo debajo del suelo de su casa se oculta un enorme tesoro que lo liberaría instantáneamente de la pobreza.

El Buddha y otros grandes maestros han transmitido numerosos métodos para descubrir nuestra mente luminosa. Cuando Trungpa Rinpoché enseñó por primera vez la meditación en Occidente, pidió a sus alumnos que se relajasen y simplemente descansaran sin distracciones en el momento presente. Si los pensamientos los distraían, debían volver de nuevo al momento presente. Cuando esto resultó prácticamente imposible para la mayoría de la gente, introdujo la relación con la espiración como objeto, pero con un toque ligero. «Toca la respiración al salir y suéltala», fue la primera instrucción que recibí de él.

Las técnicas más enseñadas implican sentarse en la postura de meditación, centrarse en un objeto como la respiración y disponer de una técnica para trabajar con los pensamientos cuando surgen. Esta y la mayoría de las demás prácticas budistas, de un modo u otro, implican ralentizar la mente lo suficiente como para percibir nuestros patrones de pensamiento habituales y cómo suelen ocupar casi toda nuestra atención. Este tipo de métodos nos permiten superar la tendencia a permanecer totalmente absortos en nuestros pensamientos, para que podamos entrar en contacto, una y otra vez, con el cielo que se oculta detrás de las nubes.*

Un método sencillo para conseguirlo es la práctica de la pausa. Simplemente dejamos lo que estamos haciendo y miramos hacia fuera. Podemos hacerlo casi en cualquier momento. Si estamos caminando o lavando los platos, hacemos una pausa y miramos hacia afuera. La pausa interrumpe el impulso de estar completamente atrapado en los pensamientos. En su lugar, disfrutamos de un atisbo de frescura, de lo que Trungpa Rinpoché llamaba «ahoridad». Tal vez no sea una experiencia completa de ahoridad, pero este vistazo nos muestra el contraste existente entre permanecer atrapado y estar abierto. Estamos vislumbrando nuestra verdadera naturaleza. Empezamos a tener una idea de lo que es.

En cierta ocasión, estaba enseñando acerca de este tema y alguien me preguntó: «¿Esto se aclarará y será más obvio con el tiempo?». La persona me dijo que, aunque había escuchado estas enseñanzas y había practicado bastante meditación, no tenía una idea real de lo que significaban palabras como «consciencia abierta» y «mente como-el-cielo». Suponía que eso se debía a que estaba demasiado orientada a los conceptos, siempre tratando de entender las cosas.

---

*   En cuanto a las instrucciones sobre la meditación sentada básica y la meditación de la consciencia abierta, véase el apéndice B (página 191).

Pensé en la pregunta durante unos instantes y luego le respondí: «Que se aclare siempre dependerá de cada uno». Llegar a conocer la consciencia abierta no es algo que ocurra por sí solo, sino que es un proceso. Muchas personas han pasado años aprendiendo a relajarse lo suficiente como para familiarizarse con su mente como-el-cielo. Si alguno de nosotros siente verdadera curiosidad por el espacio abierto que hay detrás de nuestros patrones de pensamiento habituales, si queremos conocer íntimamente el cielo que hay detrás de las nubes, tendremos que dedicar tiempo a esa tarea.

Sin embargo, antes de empezar, debemos saber que no se trata de convertir a nuestros pensamientos en enemigos. Las nubes van y vienen sin afectar al cielo. De igual modo, los pensamientos van y vienen sin dañar nuestra mente. Nos guste o no, los pensamientos siguen ocurriendo. Así son las cosas. No tenemos que considerarlo un problema. En lugar de demonizar a nuestros pensamientos, un enfoque más amable y productivo es la simple curiosidad. Podemos simplemente preguntarnos: *¿Qué sucederá si de repente dejo de pensar? ¿Qué experimentaré? ¿Qué son estos pensamientos? ¿Son realmente sólidos? ¿Son, de hecho, una amenaza?*

Si albergamos este tipo de curiosidad, naturalmente investigaremos más la situación. Estudiaremos, practicaremos y la experiencia se volverá más clara. Cada vez con mayor frecuencia, nos acordaremos de hacer una pausa e interrumpir el flujo de nuestros pensamientos. Los pensamientos que tenemos se volverán poco a poco menos problemáticos. Cada vez con más frecuencia, disfrutaremos de momentos de frescura y espaciosidad. Y, cuanto más comprometidos estemos con este tipo de indagación, más clara y evidente será nuestra sensación de la consciencia abierta.

La primera vez que tuve una experiencia clara de la apertura de mi mente se produjo de forma bastante divertida. Fue el día que descubrí la espaciosidad. Me encontraba en un largo retiro en el que nos sentábamos en una sala de meditación cada día, durante toda la jornada. Había un ventilador muy ruidoso en la sala, pero al poco tiempo estaba tan acostumbrada a él que dejé de advertirlo. Me sentía desolada. Habíamos recibido enseñanzas sobre la naturaleza de la mente, la gente no paraba de hablar del «vacío» y la «espaciosidad», y yo no sabía de qué estaban hablando. Llegó un punto en el que todo eso me parecía mi pequeño y oscuro secreto. Así pues, estaba sumida en este tipo de pensamientos deprimentes cuando, de repente, el ventilador se apagó durante unos segundos y luego volvió a encenderse. Y lo supe: ¡era eso! El «vacío», la «espaciosidad» –como queramos denominarlo– estaba ahí. Se oyó el zumbido del ventilador y luego no se produjo sonido alguno: un vacío. Era como si alguien hubiera puesto en pausa mi experiencia. Luego el zumbido comenzó de nuevo. Aunque no había nada que pudiera señalar directamente, reconocí que el espacio abierto siempre había estado ahí. Fue una revelación porque era muy simple.

Tal vez parezca que tuve esa experiencia solo porque el ventilador se apagó, pero he estado en muchas situaciones en las que un ventilador se apagó y seguí avanzando en el curso de mis pensamientos. Esa experiencia ocurrió porque yo estaba allí, en la sala de meditación, con muchas ganas de saber y haciendo todo lo posible por seguir las instrucciones. En retrospectiva, todo el tiempo que me sentí como una perdedora que no podía hacer nada bien, en realidad había estado sentando las bases para que ocurriera esta experiencia de reconocimiento.

Entrenar nuestra mente para reconocer la consciencia abierta es una exploración a largo plazo en la que trabajamos con nuestros hábitos profundamente arraigados. Estamos tan acostumbrados a estar atrapados en nuestra lucha contra la vida tal como es que a menudo convertimos nuestra práctica en otra forma de lucha. Si emprendemos esta tarea, puede que nos encontremos a menudo preguntándonos qué estamos haciendo y dudando de nosotros mismos. A todos se nos da bien encontrar formas de atarnos a nosotros mismos. Pero si seguimos siendo curiosos y aplicando las instrucciones que hemos recibido, la verdadera naturaleza de la mente se volverá cada vez más familiar. Llegaremos a saber quiénes somos realmente tras el caleidoscopio de percepciones y pensamientos que conforman nuestra experiencia. Entonces estaremos preparados para cualquier cosa que nos ocurra, incluso para experiencias de insustancialidad que normalmente serían muy inquietantes. Por último, cuando se disuelvan los elementos de nuestro cuerpo, experimentaremos la profunda alegría y el consuelo de un niño que reconoce a su madre y corre sin vacilar hacia su reconfortante regazo.

8. ¿Qué es lo que atraviesa los *bardos*?

Cuando hablamos de que la muerte sucede a cada momento, surge una pregunta natural: si estamos naciendo y muriendo de continuo, ¿quién es el que afronta estas experiencias? Una vez que este cuerpo ha fallecido, ¿quién tiene la oportunidad de fundirse con la luminosidad madre? Y, si se pierde esa oportunidad, ¿quién pasa al siguiente *bardo*, conocido como «*bardo* de *dharmata*»? En cuanto a la reencarnación, ¿quién renace? Una pregunta similar sería: ¿qué es lo que continúa entre una vida y la siguiente?, o bien: ¿qué es lo que discurre por los *bardos*?

La respuesta habitual a estas preguntas es la «consciencia», o *namshé* en tibetano. La palabra «consciencia» significa cosas diferentes para distintas personas, pero el idioma tibetano es extremadamente preciso cuando se trata de describir la mente. *Namshé* implica que esta consciencia es dualista. Por ejemplo, si Rosa ve una montaña, Rosa está aquí y la montaña está allí: son dos cosas distintas. Todo lo que Rosa ve, oye, huele, saborea o siente parece un objeto separado de Rosa.

Así es como nos parecen las cosas a todos, ¿no es cierto? Hay una sensación de separación entre el yo y lo otro. Las experiencias cambian, pero yo siempre parezco seguir siendo el mismo. Hay algo en mí que parece que nunca cambia. Pero cuando busco ese yo inmutable, descubro que no puedo identificar nada con precisión.

Nací el 14 de julio de 1936. En aquella época me llamaba Deirdre Blomfield-Brown. Claramente reconozco que hay una conexión entre aquella pequeña Deirdre y la Pema de la actualidad. Tengo recuerdos de mi infancia. La madre y el padre que tuve entonces siguen siendo mi madre y mi padre para mí, aunque hace tiempo que ya no están aquí. Un científico diría que el bebé y yo tenemos el mismo ADN. Y, por supuesto, cumplimos años el mismo día. Sin embargo, la cuestión fundamental sigue siendo: ¿son el bebé recién nacido y la mujer mayor que soy ahora realmente la misma persona?

Todavía tengo fotos mías de cuando era bebé y una niña pequeña. Si me esfuerzo, puedo distinguir algunos aspectos en los que esa niña se parece a lo que veo hoy en el espejo. Pero también sé intelectualmente que ni una sola célula de mi cuerpo ha permanecido igual desde entonces. Incluso en la actualidad, cada célula y cada átomo de mi cuerpo están cambiando sin cesar.

He intentado durante mucho tiempo localizar un yo real que permanezca igual año tras año —o incluso momento a momento—, pero nunca he tenido éxito. (Es un ejercicio que merece la pena y que recomiendo encarecidamente a cualquier persona interesada en los misterios de la vida y la muerte.) Así pues, ¿dónde nos deja lo anterior en cuanto a los *bardos*?

Como he apuntado, la respuesta estándar en cuanto a lo que continúa a través de las vidas es el *namshé*, la consciencia dualista. Esto no es fácil de entender. Hace un tiempo, llamé a mi amigo Ken McLeod, un practicante budista muy erudito que ha escrito algunos de mis libros favoritos, para preguntarle al respecto. Al igual que otros estudiantes del Dharma, respondió que el *namshé* es lo que discurre por los *bardos*. Pero señaló que esta consciencia no es una entidad estable que fluya a través de todo, sino que está en constante disolución y transformación. A cada momento, experimentamos algo nuevo: el olor de una tostada, un cambio en la luz, un pensamiento sobre un amigo. Y, a cada momento, experimentamos la sensación de un yo que tiene esa experiencia: la sensación, por ejemplo, de «yo soy quien huele la tostada». Cuando este momento pasa, le sigue inmediatamente otro momento constituido también por un sujeto y un objeto. Este flujo de experiencia dual prosigue ininterrumpidamente a través de nuestras horas de vigilia y nuestros sueños, a través de esta vida y de todas las vidas.

Sin embargo, más allá de este flujo de instantes, ¿existe algo subyacente a todos ellos que podamos señalar como «consciencia»? No podemos localizar ni describir ningún elemento estable que atraviese todas nuestras experiencias. Así pues, desde este punto de vista, Ken dijo que otra respuesta a la pregunta «¿Qué discurre por los *bardos*?» sería «Nada». Solo hay momentos individuales, que se suceden uno tras otro. Lo que consideramos «consciencia» es un flujo, más parecido a un verbo que a un sustantivo.

Esta conversación con Ken me llevó a comprender mejor cómo sigo aferrándome a este yo como si fuese algo permanente, cuando en realidad es algo dinámico. No es algo estático y congelado. Podemos tener esta visión de nosotros mismos como algo congelado –y también podemos tener opiniones congeladas de los demás–, pero eso solo se basa en un malentendido.

¿Por qué sufrimos este malentendido? ¿Quién puede decirlo? Se trata simplemente de como siempre hemos visto las cosas. El término budista para ello es «ignorancia coemergente» o, como lo denomina Anam Thubten, «inconsciencia coemergente». Todos llegamos a esta vida con esta inconsciencia. ¿Y de qué no somos conscientes? No somos conscientes de que no somos una entidad sólida y permanente, y de que no estamos separados de lo que percibimos. Este es el gran malentendido, la ilusión de la separación.

Así es como he oído hablar a los maestros acerca del origen de nuestra inconsciencia. En primer lugar, hay un espacio abierto, fluido y dinámico. No hay sentido de dualidad, no hay sentido de un «yo» separado de todo lo demás. Entonces, desde ese fundamento, todo se manifiesta. Si se entiende bien, el espacio abierto y la manifestación no son dos cosas distintas. Son como el sol y sus rayos. Esto significa que lo que estamos experimentando en este momento es una manifestación de nuestra propia mente. Reconocer esta unión se denomina «sabiduría coemergente» o «consciencia coemergente», mientras que permanecer atrapado en la ilusión de la separación y la solidez es la inconsciencia coemergente.

Y en este punto, por supuesto, es donde nos encontramos todos. Es obvio que la inconsciencia coemergente es nuestra experiencia habitual. Pero en realidad nadie ni nada en nuestro mundo es fijo y estático. La consciencia es un proceso que se disuelve y cambia de continuo, tanto ahora como en el *bardo.* Y cada vez que cambia, es completamente fresca y nueva, lo que significa que tenemos un flujo interminable de oportunidades para obtener una visión completamente fresca y abierta. Siempre tenemos otra oportunidad de ver el mundo de nuevo, otra oportunidad para reconectar con la apertura fundamental, otra oportunidad de darnos cuenta de que nunca hemos estado separados de esa amplitud básica, otra oportunidad de darnos cuenta de que todo ha sido un gran malentendido.

Si pasamos suficiente tiempo reflexionando acerca de lo anterior, quizá lo entendamos con nuestra mente racional. Pero entonces aún podemos preguntarnos: «¿Por qué me experimento a mí mismo como una entidad separada? ¿Por qué no experimento cada momento como algo fresco? ¿Por qué me siento tan bloqueado?». La razón por la que nos sentimos de ese modo es porque nosotros –al igual que todos los demás seres– hemos estado bajo el dominio de la inconsciencia coemergente durante mucho, mucho tiempo. Por lo tanto, también se necesita mucho, mucho tiempo para desmantelar esa situación.

Nuestra incomprensión de la separación es profunda. Incluso los animales tienen un sentido innato de que son entidades separadas. Pero, a diferencia de los animales, nosotros tenemos la capacidad de contemplar. Podemos utilizar nuestros cerebros, bastante sofisticados, para darnos cuenta de que nuestro malentendido es, en efecto, un malentendido, y que, momento a momento, tenemos la oportunidad, aunque sea brevemente, de volver a fundirnos con esa base fundamental.

Sin embargo, aunque estemos convencidos de ello, no podemos hacer a un lado nuestra habitual sensación de separación simplemente deseando que desaparezca. Pero lo que sí podemos hacer es empezar a meditar. En una sesión sobre nuestro cojín de meditación, comprobamos directamente lo fluida que es nuestra consciencia. Observamos cómo nuestros pensamientos, emociones y percepciones aparecen y desaparecen de continuo, y cómo este proceso prosigue de manera ininterrumpida.

También podemos percibir lo misteriosos que son nuestros pensamientos. ¿De dónde vienen todos esos pensamientos? ¿Y a dónde van? ¿Y por qué nos tomamos tan en serio lo que fluye por nuestra mente? Aunque nuestros pensamientos son tan escurridizos como la niebla, ¿por qué son capaces de causarnos un sinfín de problemas innecesarios? ¿Cómo consiguen que nos preocupemos, nos pongamos celosos, nos peleemos con los demás, nos pongamos eufóricos y nos deprimamos?

La meditación nos permite percibir lo resbaladizo de nuestra mente y de nuestra noción del «yo». Cuando practicamos la meditación, nos acostumbramos poco a poco al hecho de que las experiencias fluyen constantemente. Vemos que esto ocurre, aunque no podamos señalar a ningún sujeto que las experimente.

Desde esta perspectiva, no hay un ser fijo que atraviese los *bardos*. Otra forma de decirlo es que no hay un individuo continuo que experimente la vida y la muerte. Nadie vive y nadie muere. Vida y muerte, principio y final, ganancia y pérdida, son como sueños o ilusiones mágicas.

9. Las dos verdades

En las enseñanzas budistas, existe la idea de que todo cuenta con dos niveles de verdad: el relativo y el absoluto; cómo experimentamos la vida cuando estamos inmersos en ella y cómo la experimentamos desde la distancia cuando gozamos de una perspectiva más amplia.

Me gusta pensar que la verdad relativa es lo que tiene que ver con la historia de un día normal: lo que vemos, oímos y pensamos, lo que sentimos por las personas y los objetos que encontramos, de qué manera nos relacionamos con nuestro mundo, cómo aparecen y funcionan las cosas.

Los árboles crecen desde el suelo, tienen ramas y hojas, y muchos de ellos pierden sus hojas en otoño. Estas afirmaciones son «verdades» porque todo el mundo está de acuerdo con ellas. Hay una realidad consensual en la que coincidimos. Si alguien dice: «Los árboles crecen, hacia abajo, desde el cielo», decimos que no es verdad porque esa no es la realidad consensuada. Para los seres humanos, la existencia de los árboles es una verdad relativa consensuada. Pero podemos adivinar que las termitas no tienen el sentido de «árbol». Ellas ven lo mismo desde el punto de vista de lo que significa para ellas, es decir, alimento y un lugar para vivir. Así pues, algo tan poco controvertido como un árbol depende realmente de quién lo mire, de cuándo lo mire, de con qué detenimiento lo haga y de qué es lo que le interese ver.

Esto es cierto para todo lo que existe en el universo. Nuestro mundo relativo es más incierto y abierto a la interpretación de lo que solemos creer. Aquí es donde se unen lo relativo y lo absoluto. Cuando percibimos algo más allá de nuestros conceptos habituales, descubrimos *shunyata*, o «vacuidad», una palabra a menudo mal interpretada. La vacuidad no se refiere a ningún tipo de vacío: no sugiere un mundo frío y oscuro en el que nada tiene sentido. Lo que significa es que todo lo que examinamos está libre o «vacío de» nuestra interpretación conceptual, de nuestros puntos de vista y opiniones. Nada en este mundo es fijo; nada es permanente o definitivamente de esta o aquella manera. Todos los fenómenos son como son, libres de nuestros juicios de valor y de nuestras ideas preconcebidas.

Vemos un ratón y pensamos: «Qué bello», pero otra persona siente miedo y otra se pone agresiva, ¡cuidado, un ratón! Sin embargo, el ratón no es de manera inherente ninguna de estas cosas. A pesar de nuestras ideas y opiniones acerca de esta pequeña criatura, el ratón sigue siendo un ratón, tal como es, libre de nuestras superposiciones conceptuales.

«La verdad absoluta» se refiere a esta naturaleza abierta e inmutable del mundo y de todo lo que hay en él: nosotros mismos, otros seres vivos, nuestro entorno; todo. Se denomina «absoluta» porque no depende de nada más para ser verdadera, sino que sencillamente es la naturaleza de las cosas. Cuando damos un paso atrás y simplemente nos relajamos con esta verdad absoluta, estamos mucho menos inclinados a insistir en que la vida tiene que amoldarse a nuestro criterio y mucho más inclinados a pensar en el modo en que nuestras acciones afectan a la totalidad.

Cuando el astronauta Edgar Mitchell caminó sobre la luna en el año 1971 y vio la Tierra desde esa vasta perspectiva, se dio cuenta de que era una sola Tierra y que todas las divisiones que los humanos habían creado –divisiones que causan tanto dolor– son arbitrarias y carentes de sentido. Cobró consciencia de que los terrícolas tenemos que trabajar juntos y que la separación es una ilusión. «Desde ahí fuera, en la Luna –señaló– la política internacional parece insignificante.» Mitchell tuvo una experiencia absoluta de cómo son realmente las cosas. Cuando volvió a casa, esta perspectiva siguió afectando a su manera de vivir. Sin embargo, seguía teniendo que relacionarse con el mundo relativo y con el modo en que este desencadenaba sus tendencias y le llevaban a erigir barreras entre él y los demás, las mismas barreras que causan dolor y que desde el espacio había percibido como algo carente de sentido.

Cuando era muy joven, tuve una experiencia de lo absoluto que fue tan directa que creo que será útil compartirla en este momento. Una noche de verano, estaba tumbada en el suelo mirando las estrellas, como había hecho muchas otras veces. Como tantas otras veces, me cautivaba la sensación que me producía contemplar todas esas estrellas. Sin embargo, esa noche, algo cambió en mí y tuve una experiencia luminosa. De repente supe, sin pensarlo realmente, que ese era el mismo espacio inmenso que habían experimentado los niños de la antigua Grecia o que habían experimentado los pueblos prehistóricos. Sabía que antes de que yo naciera había estado ahí, y que después de mi muerte seguiría estando ahí. Durante años, este fue mi secreto personal, algo que no quería estropear hablando de ello.

Contemplar las estrellas fue una experiencia relativa que ocurrió en una noche de 1943, en Nueva Jersey. Sin embargo, la certeza de que este espacio siempre había estado y siempre estaría ahí, fue una experiencia absoluta e intemporal.

La palabra «absoluto» suena más impresionante que la palabra «relativo», pero no necesitamos pensar que una verdad es superior a la otra. Podemos experimentar plenamente la belleza de un árbol sin pensar que nuestra forma de percibirlo es la única manera de mirarlo. Podemos disfrutar de su sombra en un día caluroso sabiendo que es mucho más misteriosa de lo que solemos suponer. Nuestro objetivo en el camino espiritual no es deshacernos de lo relativo y habitar en la vacuidad, sino que ambas verdades deben ir de la mano.

Los términos «relativo» y «absoluto» nos proporcionan maneras de hablar del mismo tema desde ángulos distintos. Cuando decimos que nada atraviesa los *bardos*, estamos hablando desde una perspectiva más amplia, desde el punto de vista absoluto. La consciencia que atraviesa todos nuestros momentos y tiende un puente entre las vidas se disuelve y cambia constantemente. Por mucho que lo intentemos, nunca podremos encontrar nada que nos permita identificarla.

En lo absoluto, nadie vive, nadie muere y nadie atraviesa los *bardos*. Pero, en lo relativo, cuando un ser querido fallece, nos afligimos. Desde el punto de vista relativo, experimentamos dolor y placer, esperanza y miedo, pensamientos y percepciones, vida y muerte. Desde la perspectiva relativa, todo lo que hacemos nos afecta a nosotros y a nuestro mundo, y todo lo que hacemos importa.

Nuestras acciones siempre tienen consecuencias. Padmasambhava –conocido por lo general como Gurú Rinpoché–, el maestro indio del siglo VIII que estableció el budismo en el Tíbet, señaló: «Mi visión es más alta que el cielo, pero mi atención a mis acciones y sus efectos es más fina que la harina». Aunque era un maestro iluminado, sabía lo crucial que era prestar atención a los detalles relativos de su vida y a las consecuencias de sus acciones.

La enseñanza del Buddha no pretendía que sus discípulos terminasen habitando un reino frío e intelectual divorciado de la experiencia cotidiana. Por el contrario, ofreció muchas enseñanzas sobre cómo debemos comportarnos de manera que nos proporcionemos a nosotros mismos y a los demás alegría y alivio del dolor. Estas enseñanzas incluyen consejos profundos y concretos sobre el modo de vivir nuestra vida y el modo de abordar la muerte. Se basan en las dos verdades: la comprensión de que, aunque no ocurra nada a nivel último, todos preferimos experimentar la felicidad en lugar del sufrimiento.

10. Tendencias

Antes de seguir describiendo el viaje después de la muerte y las experiencias de los siguientes *bardos*, creo que es importante hacer una pausa y presentar algunas palabras desde el corazón sobre cómo trabajar con nuestra mente, nuestras emociones y nuestras tendencias. ¿Por qué? Porque la forma en que trabajamos con nuestra mente, nuestras emociones y nuestras tendencias mientras atravesamos los altibajos del *bardo* de esta vida es lo que llevaremos con nosotros cuando viajemos más allá. Dicen que no podemos llevar nada con nosotros, pero en el caso de nuestro estado mental y de nuestros patrones emocionales, sí los llevamos con nosotros. Y al igual que ahora mismo nuestros pensamientos y emociones crean nuestra experiencia del mundo, de la misma manera, e incluso más intensamente, crearán el entorno en el que nos encontremos después de la muerte. Si queremos experimentar el cielo, trabajamos con nuestros pensamientos y emociones. Si queremos evitar el infierno, trabajamos con nuestros pensamientos y emociones. No hay otra posibilidad. Por lo tanto, en los próximos capítulos, daré algunas instrucciones prácticas sobre cómo conectar de manera hábil y compasiva con nuestros patrones y emociones habituales.

Cuando le preguntaron a Trungpa Rinpoché qué es lo que atravesaba los *bardos*, respondió con una gran sonrisa: «Nuestros malos hábitos». Lo interpreté en el sentido de que cualquier hábito que no hubiera amado y soltado en esta vida viajaría a través del estado intermedio, para ser transmitido a algún pobre recién nacido en el futuro.

En la década de los 1970, cuando mi hija y mi hijo eran adolescentes, les llevé a ellos y a un amigo suyo a conocer a Su Santidad el XVI Karmapa, uno de los maestros más importantes para mí. Mis hijos no son budistas, pero siempre han sido amables en relación con el Dharma y estaban dispuestos a complacer a su entusiasta madre. Su Santidad no hablaba inglés, de modo que nos comunicamos a través de un intérprete. Le pregunté al Karmapa si podía hablar con los niños y empezó a darles una pequeña enseñanza sobre budismo. Cuando hizo una pausa después de un rato, le comenté respetuosamente que los niños no eran budistas y le pregunté si podía decir algo que fuera significativo para ellos a pesar de su falta de conocimientos.

Su Santidad el Karmapa era un hombre grande e inspirador y estábamos sentados muy cerca de él. Miró intensamente a los tres adolescentes y dijo: «Vais a morir». Luego añadió: «Y no os llevaréis con vosotros nada más que vuestro estado mental».

Lo que Trungpa Rinpoché dijo acerca de los malos hábitos fue una enseñanza relativa sobre lo que atraviesa los *bardos*. Los comentarios de Ken McLeod de que en realidad nada atraviesa los *bardos* se refieren al punto de vista absoluto. Lo que Karmapa les dijo a mis hijos adolescentes y a su amigo era un poco de ambas cosas, porque ¿qué quería decir exactamente con «vuestro estado mental»?

Estas palabras suenan como si describieran algo estático, pero, como he dicho, nuestro estado mental siempre está cambiando. Pasamos continuamente de un estado mental a otro. Solo existe este flujo de la mente, esta corriente mental. Sin embargo, nuestra corriente mental sigue un curso determinado, que no es aleatorio. Su curso está condicionado por nuestros hábitos, nuestras tendencias, nuestras propensiones. ¿Qué significa esto?

En las enseñanzas del Buddha acerca del karma, las enseñanzas sobre causa y efecto, todo lo que hacemos, decimos o incluso pensamos deja una huella en nuestra mente. Cuando hacemos algo una vez, es posible que volvamos a hacerlo. Cuando reaccionamos a una situación de una manera determinada, es probable que reaccionemos de idéntico modo la próxima vez que se presente la misma situación. Así es como se desarrollan las preferencias. Como resultado, solemos comportarnos y reaccionar de forma predecible. En algunas circunstancias particulares, somos muy generosos; en otras, nos autoprotegemos. En algunas, somos tolerantes; en otras, irritables. En algunas, confiados; en otras, inseguros. Y cada vez que reaccionamos de una forma habitual, reforzamos nuestras tendencias. Esto es similar a los descubrimientos de la neurociencia que demuestran que nuestras acciones y patrones de pensamiento habituales refuerzan las vías neuronales de nuestro cerebro.

Supongamos que tenemos la tendencia a sentirnos inadecuados, sobre todo en nuestro trabajo. Estamos en la oficina hablando con dos compañeros y nuestro jefe nos interrumpe y dice: «Habéis hecho un trabajo pésimo». En realidad, el jefe nos está criticando a los tres, pero soy yo el que tiene una fuerte propensión a tomárselo como algo personal, así que me siento muy desgraciado, como si todo fuera culpa mía. Ya hay una larga historia detrás de esta tendencia, y el comentario del jefe parece añadirse a las pruebas en nuestra contra. Seguidamente, entramos en una línea argumental conocida: «Nunca lo hago bien. No valgo nada. No tengo remedio. Siempre lo estropeo». Experimentamos que somos una persona perdedora. Y debajo de todos estos conceptos hay una emoción terriblemente desagradable de la que haríamos cualquier cosa por librarnos.

En este caso, parecerá que la causa de nuestro sufrimiento son las palabras de nuestro jefe. Sin embargo, esas palabras solo son el desencadenante. La causa real es nuestra tendencia preexistente. Es importante mencionar aquí que el sentido de decir esto no es culpar a la víctima. Los tres estamos de acuerdo en que las palabras del jefe fueron mezquinas e insensibles. Pero al mismo tiempo es importante ver la imagen completa de lo que ocurre. Nuestra tendencia a sentirnos inadecuados ya era un tema recurrente en nuestra vida. Y escuchar «Habéis hecho un trabajo pésimo» fue tan solo el detonante que proporcionó las condiciones adecuadas para que se manifestase por completo. Es como un bulbo de azafrán que permanece dormido bajo la tierra durante gran parte del año y que, en primavera, con las causas y condiciones adecuadas, irrumpe de pronto como una flor brillante.

En este ejemplo, las otras dos personas que reciben las críticas tienen experiencias completamente distintas debido a sus propias tendencias. Uno de ellos tiene la tendencia a enfadarse y pasar a la acción, de manera que se enfrenta al jefe con gran cólera, imprime algunas pancartas y consigue que un grupo de personas firme una petición.

Aunque la tercera persona no cae en una actitud defensiva, sigue actuando según su propia tendencia. Su respuesta ante cualquier situación laboral incómoda es convertirse en pacificadora. Así pues, reconoce que el discurso del supervisor fue poco hábil y anima a todo el grupo a participar en un taller sobre comunicación eficaz y no violenta.

Cuando recuerdo lo que el Karmapa les dijo a mis hijos, creo que quiso decir algo parecido a esto: «Cuando muráis, lo único que llevaréis con vosotros serán vuestras tendencias». Y ello llevaba implícito un poderoso consejo: «Así pues, más vale que cuidéis bien vuestras tendencias ahora, mientras aún estáis a tiempo».

Ya tenemos una amplia experiencia con los problemas que nuestras propensiones causan en nuestra vida actual. Nuestros patrones de pensamiento inútiles y nuestros hábitos emocionales autodestructivos nos han minado repetidamente. Nuestras tendencias no solo nos perturban internamente, sino que también se manifiestan como situaciones externas difíciles. Algunas personas siempre tienen problemas con su jefe. No importa cuántas veces cambien de trabajo, siempre se encuentran en las mismas situaciones incómodas. Otras personas tienen problemas con la intimidad en las relaciones. No importa con quién salgan, su problema de intimidad persiste. Los actores cambian, el escenario de la película cambia, pero el drama básico sigue siendo el mismo. Esto se debe a que nuestras tendencias son las autoras del guion.

Otra cosa que debemos saber sobre estas tendencias es que no terminan por sí solas. Tenemos que reconocerlas cuando surgen y no ser tan previsibles. Una y otra vez tenemos que encontrar la manera de hacer algo distinto. Si no, nos seguirán durante el resto de nuestra vida. Podemos ir aún más lejos y decir que nos seguirán más allá de esta vida, a través de los *bardos*, hasta nuestra siguiente vida, escribiendo escena tras escena. Crearán las circunstancias externas e internas de nuestro próximo momento, de nuestro próximo día, de nuestra próxima vida y de todas nuestras vidas por venir.

La otra cara de la moneda es que, debido a la profunda relación de interconexión que hay entre nuestra mente y el mundo, a menudo descubriremos que cambiar nuestros hábitos mentales y emocionales tiene un poderoso efecto en nuestra experiencia exterior. Parece milagroso, pero es bastante simple y sencillo si lo pensamos. Si trabajamos con nuestra tendencia a los celos, nos parecerá que cada vez hay menos gente a la que envidiar. Si trabajamos con nuestra ira, la gente no nos hará enfadar tanto.

Entonces, ¿cómo «cuidamos nuestras tendencias»? Hemos de tratarlas con amabilidad e inteligencia. Tenemos que reconocer lo poderosas que son y no convertirlas en nuestras enemigas. Uno de mis maestros, Tsoknyi Rinpoché, las denomina nuestros «bellos monstruos» y
nos aconseja tratarlas con ternura, sin exteriorizarlas ni reprimirlas;
debemos hacernos amigos de ellas tal como son. Entonces, cuando
una persona o un evento desencadena nuestras emociones dolorosas,
debemos distinguir entre el desencadenante y la tendencia en sí. Podemos preguntarnos, de la forma más abierta y objetiva posible: «¿Cuál
es la causa principal de mi sufrimiento? ¿Es mi jefe o es mi tendencia?». Este tipo de cercanía y amistad hacia nuestras tendencias crea
las causas y condiciones adecuadas para que se aflojen y relajen. Por
ejemplo, hemos estado discutiendo mucho con nuestra pareja y ahora
la vemos riendo y bromeando con otra persona. De inmediato surge
en nuestro corazón el dolor de los celos. Pero en lugar de reaccionar
a esos celos de la manera habitual, por ejemplo, emborrachándonos
o hablando de forma pasivo-agresiva, podemos preguntarnos: «¿Cuál
es la causa de mi dolor? ¿Es la risa y la broma o es mi tendencia preexistente a los celos?». Entonces podemos comprobar nuestro cuerpo
y ponernos en contacto con esa tendencia. ¿Cómo se siente nuestro
cuerpo? ¿Está tenso o flojo, contraído o expansivo? ¿Tiene una tem-
peratura, un color, una cualidad especial? Si investigamos el desagradable sentimiento de los celos con atención y delicadeza, aprenderemos mucho sobre él. Veremos nuestra historia con él. Empezaremos
a percibir patrones. Veremos que este sentimiento surge a menudo en
nuestra vida, y que tendemos a cometer errores cuando lo hace. Esto
podría ser el principio de depositar nuestra atención en la tendencia.
Esto podría ser el comienzo de ver que nuestras tendencias son solo
sensaciones fluidas que no tienen nada que ver con lo bueno o lo malo.

Una vez que hayamos aprendido algo a través de este proceso, podríamos, por supuesto, ir en direcciones menos útiles. Podríamos simplemente seguir con nuestra manera habitual de hacer las cosas, tan poco afectados por nuestra autorreflexión como si terminásemos de aprender algún dato sin importancia sobre un tema que no significa demasiado para nosotros. Peor aún, podríamos utilizar nuestro autoconocimiento para criticarnos: «Tengo esta terrible tendencia, lo que me convierte en una persona horrenda. Aunque me avergüence comportarme así, estoy condenado a seguir actuando movido por los celos durante el resto de mi vida».

Ninguna de estas opciones nos ayudará a hacernos amigos de nuestros bellos monstruos, sino que seguiremos pensando y actuando de la misma manera, reforzando nuestras tendencias y haciéndonos sufrir innecesariamente. Será como encontrar semillas indeseables en nuestro jardín y darles más agua y nutrientes para que crezcan.

La alternativa más útil es observar objetivamente lo que ocurre e intentar aprender algo al respecto, algo que nos permita ver con claridad cómo debemos proceder. Esta forma de trabajar con nuestras tendencias en la vida diaria dará sus frutos cuando muramos. Antes de la muerte, cuando estamos agonizando realmente y más allá, experimentamos previsiblemente una amplia gama de emociones poderosas, y la forma en que nos relacionamos con ellas es importante.

11. Sentir lo que sentimos

«¿La muerte es un enemigo o un amigo?
Eso, querido, depende de cada uno de nosotros.»

Vi esta cita escrita en una pared en San Francisco y me detuvo la mente. Por supuesto, que la vejez, la enfermedad o la muerte sean nuestros amigos o enemigos depende totalmente de nosotros. Todo depende de cómo esté configurada nuestra mente. Y, en gran medida, también depende del modo en que trabajemos con nuestras emociones. Entonces, ¿cómo trabajamos cada uno, ahora mismo, con nuestras emociones? Merece la pena analizarlo. Saber cómo trabajar con nuestras emociones constituye realmente la clave para encontrar el equilibrio y la ecuanimidad, cualidades que nos apoyan a medida que avanzamos a través de todas las transiciones e intervalos que todavía tenemos que experimentar.

Una de las indicaciones más célebres del popular texto budista *Los siete puntos del entrenamiento mental* es «Convierte todas las culpas en una sola». Cuando empecé a estudiar esta frase, comprendí la idea fundamental: si bien parece que las circunstancias externas nos provocan y nos hacen sufrir, el verdadero culpable es siempre nuestro propio aferramiento al ego. Pero durante muchos años me resultó difícil aplicar esta enseñanza de forma personal. En primer lugar, no estaba muy segura de lo que se quería decir con «aferramiento al ego». Parecía un concepto abstracto y yo no sabía cómo relacionarlo con mi propia experiencia. También tuve problemas con la idea de «culpa». Me sonaba como si tuviera que culparme a mí misma, que era lo que tendía a hacer de todos modos. Aunque sabía que esa no era la intención de la enseñanza, ignoraba de qué otra manera interpretarla.

Entonces escuché una charla de Dzigar Kongtrul Rinpoché en la que utilizó la frase «la tendencia a sentirse molestado», y algo hizo clic en mí. Aunque no hablaba directamente de «convertir todas las culpas en una sola», empecé a comprender cómo este lema es una enseñanza acerca de las tendencias. Aunque el aferramiento al ego parecía abstracto y conceptual, la forma en que experimentamos el aferramiento al ego –nuestras tendencias– era algo que yo conocía íntimamente a diario. El lema me animaba a reconocer mis propias tendencias, mis bellos monstruos, como la causa de la infelicidad innecesaria.

El Dharma nos dice que todas nuestras experiencias de malestar, ansiedad, perturbación y sentirse molestado tienen su origen en nuestros *kleshas*, un término sánscrito que significa «emociones destructivas» o «emociones que causan dolor». Las tres *kleshas* principales son el deseo, la agresividad y la ignorancia. Las dos primeras no requieren demasiada explicación. El deseo se convierte en una emoción destructiva cuando llega al punto de ser una adicción o una obsesión. Una vez me regalaron unos caramelos asiáticos cuya marca era Baby Want-Want. Creo que esas palabras resumen muy bien la naturaleza del deseo. Pensamos que algo nos proporcionará placer o comodidad, de manera que nos obsesionamos con poseerlo o retenerlo. La agresividad es lo contrario: queremos deshacernos de algo que percibimos como una amenaza para nuestro bienestar. La ignorancia, en tanto que emoción destructiva, es un poco más difícil de entender. Es un estado mental de tedio e indiferencia que en realidad contiene un profundo nivel de dolor. Podemos definir la ignorancia como estar fuera de contacto, hallarse mentalmente aletargado, no preocuparse por lo que sentimos o por lo que experimentan otros. Cuando este estado de ánimo nos domina, puede convertirse en depresión.

Estos tres *kleshas* suelen llamarse los «tres venenos» porque, como señala Anam Thubten, matan nuestra felicidad. Esto nos ocurre a menudo de dos maneras. Primero, sufrimos mientras experimentamos la ira, la adicción, la depresión, los celos, etcétera. Y luego seguimos sufriendo a consecuencia de las acciones dañinas que provocan.

Probablemente tengamos experiencia de primera mano de sentirnos infelices cuando estos venenos aparecen en nuestra vida. Pero ¿cómo matan exactamente nuestra felicidad? Según las enseñanzas de Buddha, no son las emociones en sí las que nos hacen sufrir. En su forma cruda, antes de que empecemos a luchar con ellas y antes de que nuestro proceso de pensamiento se involucre en el proceso, son solo sensaciones o formas de energía. No son intrínsecamente negativas ni positivas. Es importante recordarlo. El aspecto destructivo de la agresividad, por ejemplo, no es la sensación; es nuestro rechazo a esa sensación y lo que luego hacemos para responder a ella. El culpable no es la energía básica, sino las derivaciones, aquello que la maestra budista Sharon Salzberg denomina los «añadidos».

Cuando surge la energía *klesha*, tendemos a reaccionar de distintas maneras. Una de ellas es actuar, ya sea de manera física o bien verbalmente. Otra es suprimir la emoción, adormecerla, lo cual puede implicar desviar nuestra atención a otra parte, por ejemplo, sumergiéndonos en Netflix. Una tercera reacción común es la de enredarse mentalmente en algún tipo de historia que a menudo conlleva una sensación de culpa. Todas estas reacciones se basan en el hecho de que somos incapaces de soportar el malestar de la energía. Tenemos la tendencia a que nos moleste esta energía, de manera que tratamos de escapar de nuestro malestar deshaciéndonos de lo que lo está causando. Este enfoque es similar al del tirano que, en lugar de relacionarse con el mensaje, mata al mensajero que le ha traído malas noticias. Pero cuando nos dejamos llevar por cualquiera de estas reacciones, solo reforzamos nuestros hábitos causantes de dolor y perpetuamos a largo plazo nuestro sufrimiento. De alguna manera, esta es una lección difícil de asimilar.

Todo el mundo tiene estos hábitos. No hay necesidad alguna de culparnos a nosotros mismos ni a nadie por este proceso. En lugar de culparnos o sentirnos impotentes, podemos aplicar métodos de eficacia probada para trabajar con nuestras emociones de forma constructiva. Como todo lo demás en el universo, los *kleshas* y nuestras reacciones a ellos son transitorias e insustanciales. Esto es lo que nos permite cambiar nuestros hábitos.

En general, la falta de consciencia es lo que infunde poder a nuestras emociones. Hacerlas conscientes es la clave mágica. Cuando somos conscientes de lo que ocurre, pierden su capacidad para hacernos sentir mal.

El primer paso en cualquier método de trabajo con las emociones consiste simplemente en reconocer que están sucediendo. Una de las características de los *kleshas* es que tienden a pasar desapercibidos. Solo nos damos cuenta de ellos cuando se han desarrollado completamente. No nos percatamos de la emoción mientras es apenas una brasa; cuando olemos la combustión o sentimos el calor del fuego, ya es demasiado tarde. Ya hemos atacado a alguien con nuestras palabras o nuestras acciones, o ya estamos inmersos en una borrachera.

Este es un ejemplo bastante común del ciclo de vida de un *klesha*. Vemos a alguien en el pasillo, alguien con quien tenemos problemas. Experimentamos una leve tensión en los hombros o un sutil tirón en el pecho. Esta es la etapa de la brasa. Lo siguiente que sabemos es que tenemos pensamientos caracterizados por el juicio o el resentimiento hacia esa persona. Esta etapa es como cuando los troncos de la estufa de leña ya han prendido.

Se produce mucho más calor que en la fase de brasa, pero al menos sigue siendo contenido. Incluso este nivel puede pasar desapercibido. Pero si seguimos alimentando de manera inconsciente los motivos de nuestra disputa, es como si echásemos combustible al fuego. Al final será demasiado grande para que la estufa lo contenga y quizá incluso nos queme la casa. En ese momento, nosotros y todos los demás nos damos cuenta de la situación, pero ya es demasiado tarde para impedir una gran cantidad de dolor inevitable. El mensaje de texto dañino ya ha sido escrito, ya hemos pulsado «enviar» y no hay forma de volver atrás.

Pero incluso entonces, hay formas de mejorar la situación y formas de empeorarla. En cada momento, y en cada experiencia del *bardo*, disponemos de estas dos alternativas básicas. Podemos escalar o desescalar nuestro sufrimiento. Podemos reforzar los hábitos inútiles o ventilarlos. Si somos conscientes de lo que ocurre, apagamos el fuego en la fase de brasa o en la de estufa de leña y ahorrarnos a nosotros mismos y a los demás mucho dolor.

La práctica regular de la meditación nos torna más conscientes de aquello que ocurre en nuestra mente, el trasfondo mental que tiende a pasar desapercibido cuando estamos atrapados en nuestras actividades e interacciones diarias. Con la meditación, empezamos a captar algunos de los pensamientos y emociones sutiles que, si no se detectan, se intensifican antes de que nos percatemos de ellos.

Una vez que cobramos consciencia del *klesha*, el siguiente paso es permitirnos sentirlo, sentir lo que estamos sintiendo. Parece sencillo, pero para muchas personas esto supone todo un reto. Algunas tienen dificultades porque han sido traumatizadas. Otras tienen ciertas emociones que, por la razón que sea, no quieren afrontar. Sin embargo, como todas las demás instrucciones del Dharma, sentir lo que se siente es una práctica. Hay formas de entrenarse para ello y de progresar poco a poco.

En primer lugar, comenzamos con las sensaciones físicas, puesto que son relativamente simples y proporcionan un buen punto de acceso. ¿Cómo nos sentimos físicamente? Cuando no estamos en contacto con nuestro cuerpo, nuestros *kleshas* tienen mayor oportunidad de desenfrenarse. En cambio, si estamos presentes y encarnados, es más fácil estar en contacto con nuestra mente. Así pues, debemos prestar atención al modo en que se siente nuestro cuerpo: dolores, picores, sensaciones de calor y frío, las zonas donde sentimos tensión o relajación.

A continuación, observamos nuestro estado de ánimo. ¿Es discursivo o tranquilo? ¿En qué estado de ánimo nos hallamos? ¿Cuáles son las emociones que percibimos? En este punto, en lugar de juzgar, es muy importante mantener una actitud de curiosidad y apertura. Cuando nos permitimos sentir lo que sentimos, pueden surgir cosas diferentes. Podemos tener recuerdos dolorosos o emociones intensamente desagradables. Eso es de esperar y no es un problema. Pero no hay que forzar demasiado y convertir esto en una prueba de resistencia. El entrenamiento debe tener lugar, en la medida de lo posible, en una atmósfera de aceptación.

Para crecer en la capacidad de saber qué hacer cuando una emoción nos atrapa, es útil recordar tres palabras: encarnado, presente y amable. Entramos en contacto con nuestro cuerpo, llevamos la atención al lugar donde nos encontramos en ese momento y somos amables. Cuando se produce un estallido emocional, estas tres palabras pueden ayudarnos a desescalar. La instrucción principal es permanecer consciente o, como señala Tsoknyi Rinpoché, «tenemos que estar dispuestos a sentir cierta incomodidad». Al fin y al cabo, se trata de un entrenamiento tanto para la vida como para la muerte, que rara vez son indoloras.

Con el tiempo he descubierto que cada vez que me permito sentir lo que siento, me vuelvo más paciente y más indulgente conmigo misma. Cada vez, descubro que soy capaz de relajarme con el sentimiento un poco más. Y ahí reside el secreto: si bien los *kleshas* causan dolor, la energía *klesha* en sí misma es, como la corriente eléctrica, una fuente ilimitada de poder creativo. No es algo de lo que debamos deshacernos. El truco consiste en estar presente con esa energía sin actuar a su favor ni reprimirla. Haciendo esto –o, más bien, aprendiendo a hacerlo– descubrimos algo extraordinario. En la energía básica de los *kleshas*, encontramos sabiduría –sabiduría inasible y carente de ego– libre de aferramiento y fijación.

En la década de los 1970, cuando los *kleshas* me destrozaban, casi todos los maestros espirituales que conocí me dijeron que trascendiera las emociones, que fuera hacia la luz. Sin embargo, por suerte para mí, nunca descubrí el modo de conseguirlo. No encontraba la manera de trascender. Ansiaba trascender y dejar atrás todos esos sentimientos tumultuosos, pero no podía. Entonces recibí enseñanzas de Trungpa Rinpoché sobre el acercamiento a la energía *klesha*, y eso cambió mi vida.

12. El primer paso hacia el valor: abstenerse

Nosotros, meditadores que nos hallamos en el camino, viajamos del nacimiento a la muerte durante el *bardo* de la vida presente. ¿Cómo podemos aprovechar al máximo esta existencia para que tanto esta vida como nuestra muerte sean profundamente significativas? Shechen Gyaltsap, un gran maestro espiritual, fallecido en el año 1926, lo expresaba del siguiente modo: «En medio de las fugaces nubes de la ilusión danza el relámpago de la vida. ¿Podemos asegurar que mañana no estaremos muertos? Así pues, practiquemos el Dharma».

Practicar el Dharma no solo significa meditar y contemplar las enseñanzas, sino también aplicar nuestra comprensión a la vida cotidiana. Una de las cosas que más me atrajo inicialmente del budismo fue que contenía métodos reales para ayudarnos a llevar vidas más felices y significativas. Había instrucciones sobre las causas de nuestra insatisfacción y dolor, e instrucciones sobre cómo liberarse del sufrimiento. De hecho, ese era el objetivo de las enseñanzas del Buddha.

La verdadera causa de nuestra infelicidad no se ubica en el exterior, sino en el interior. Nuestras tendencias y emociones negativas son las que arruinan nuestros días, no nuestro jefe o nuestros enemigos. Como se enseña una y otra vez, mientras los venenos de los *kleshas* permanezcan en nuestra mente, no encontraremos la felicidad en ningún lugar del mundo.

El Buddha enseñó tres métodos principales para trabajar de manera constructiva con nuestros *kleshas*, que yo considero como «tres pasos hacia el valor» y que presentó en orden de progresiva sutileza y profundidad. El primero consiste en abstenerse de reaccionar y está basado en la sensación de que hay algo negativo en las emociones, por lo que debemos hacer todo lo posible para evitar que las cosas empeoren. Con el segundo método, que consiste en transformar los *kleshas* en amor y compasión, adoptamos una visión positiva de las emociones: si las utilizamos de forma correcta, aportan beneficios en lugar de perjuicios. El tercer método consiste en utilizar las emociones como vía directa para el despertar. En este caso, trascendemos la dualidad de lo positivo y lo negativo y permitimos que las emociones sean tal como son.

He comprobado que las enseñanzas relativas a abstenerse de reaccionar no son demasiado populares. En cierta ocasión estaba dando una charla sobre este tema y un viejo amigo, claramente molesto, levantó la mano y dijo: «No deberías enseñar estas cosas. Es como poner una tapa a nuestros sentimientos. Trungpa Rinpoché nunca nos habría enseñado esto».

Dejando de lado que en realidad recibí esta enseñanza de Trungpa Rinpoché, me di cuenta entonces de que es importante presentar la abstención bajo una luz positiva, presentarla como un paso importante para aprovechar la sabiduría de las emociones, un paso esencial para experimentar las emociones como un camino directo hacia el despertar.

Mi hermano solía decirme: «Siempre que tengas hambre, estés enfadada, te sientas sola o cansada, di A-L-T-O». Es una instrucción para abstenerse. En lugar de seguir adelante y volver a los viejos patrones de culpar, juzgar o evitar lo que sentimos, dejamos espacio. Nos detenemos. Disminuimos la reactividad.

A menudo, cuando enseño la práctica de la abstención, la gente formula preguntas, como mi amigo, para asegurarse de que no les estoy animando a esconderse o a huir de sus problemas. Estamos tan acostumbrados a que todo el mundo actúe y hable que, si nos abstenemos de hacerlo, sentimos que tratamos de evitar cosas que debemos afrontar. Pero el objetivo de mantener la boca cerrada no es eludir las situaciones problemáticas, sino darnos el tiempo y el apoyo necesarios para sentir lo que sentimos e interrumpir la historia. La forma de ver las cosas marca la diferencia. Si convertimos la abstención como una manera de cerrarnos, puede convertirse fácilmente en eso. Sin embargo, si la abordamos como una forma de abrirnos y dejar espacio a lo que surja, entonces esta práctica nos resultará sumamente útil.

En su libro *Rescate emocional*, Dzogchen Ponlop Rinpoché llama a esto «hueco de atención». Es como si diéramos un paso atrás para estar más presentes y despiertos a lo que sucede. Permitimos un poco de espacio, un espacio consciente, encarnado, presente y amable. La energía de los *kleshas* puede ser muy intensa y hay que acostumbrarse a ella. Considero que abstenerse de hablar y actuar supone familiarizarse con la energía transformadora de las emociones, todo lo cual, sin duda alguna, requiere paciencia y tiempo. Es como conocer a un viejo amigo en un nivel más profundo. La energía de nuestros amigos nos desafía y, sin embargo, nos quedamos con ellos en las buenas y en las malas porque los queremos.

Para facilitar la relajación con la poderosa energía *klesha*, resulta útil considerarla como un proceso de purificación de los patrones habituales, de purificación del karma antiguo y poco útil. Dado que nuestra mente tiende a quedarse con facilidad bloqueada en patrones repetitivos, solemos reaccionar a las nuevas experiencias de la misma manera predecible de siempre. Reforzamos los viejos hábitos repitiéndolos una y otra vez. Pero si, por el contrario, permitimos un espacio consciente, no reaccionaremos de la manera habitual y permitiremos que la experiencia simplemente fluya a través de nosotros, lo cual debilitará nuestro hábito. Si lo hacemos con la suficiente frecuencia, podemos llegar a agotar por completo el patrón kármico para que no vuelva a aparecer. Mi experiencia es que dejar espacio antes de reaccionar de una manera previsible es algo mágico. En mi caso, eso es lo que me permite hacerme amiga de mí misma, lo que me permite ver con mayor claridad y cambiar de dirección. Sin este espacio consciente, sin abstenernos, solo permanecemos bloqueados en los viejos patrones, preguntándonos, una vez más: «¿Cómo me he metido en este embrollo?».

La práctica de parar o abstenerse es la forma más básica de trabajar con nuestros *kleshas*: no hablar, no actuar y entrar en contacto con lo que sentimos. Es el primer método que necesitamos porque, cuando perpetuamos nuestras historias o actuamos, no disponemos de suficiente espacio mental para aplicar las otras dos prácticas: transformar las emociones y utilizarlas como una vía directa hacia el despertar. La gente suele querer saltarse la primera etapa, pero eso es algo que está condenado al fracaso. Como afirma Ken McLeod en *Reflections on Silver River*: «A menudo resulta impensable y aterrador que experimentemos lo que ocurre en nuestro interior. Sin embargo, si queremos ser libres, no tenemos otra elección».

13. El segundo paso hacia el valor: una visión positiva de los kleshas

Los siete puntos del entrenamiento mental contienen un enjundioso lema sobre el segundo paso hacia el valor, la transformación de los *kleshas* en amor y compasión: «Tres objetos, tres venenos, tres semillas de virtud». «Tres objetos» se refiere a tres categorías de objetos: los que nos resultan agradables, aquellos que nos parecen desagradables y aquellos sobre los que no tenemos ningún sentimiento particular. Los tres venenos –apego, agresividad e ignorancia– emergen en respuesta a estos objetos. «Tres semillas de virtud» nos indica que estos venenos pueden ser algo muy valioso.

Día tras día, sin apenas descanso, prácticamente todo el mundo en este planeta experimenta los tres venenos. Algunas personas están más implicadas en el apego, otras en la agresividad y otras en la ignorancia, pero de una forma u otra todos padecemos los venenos, nuestras reacciones a ellos y las consecuencias de esas reacciones. Los *kleshas* son el resultado inevitable de la ilusión de la separación. Trungpa Rinpoché señala en uno de sus textos:

> *Desde el gran espejo cósmico*
> *sin principio ni fin,*

se manifestó la sociedad humana.

En ese momento, surgieron la liberación y la confusión.

Desde el gran espejo cósmico, el fundamento básico –la base abierta e imparcial–, reconocemos que somos parte de ese fundamento, o bien experimentamos que estamos separados. Una vez que existe ese sentimiento de separación, hay *yo* y *tú*, *para mí* y *contra mí*, *debería* y *no debería*. Y de ahí surgen los *kleshas*. La naturaleza de los *kleshas* es siempre la misma que la de la base. Pero, en ausencia de ese reconocimiento, inevitablemente causan un enorme dolor.

Dado que la energía de los *kleshas* no es ni buena ni mala, ¿por qué nos dejamos capturar por ellos? La respuesta es: a causa de nuestros pensamientos. Solo son nuestros pensamientos los que los tornan positivos o negativos. Como nuestra tendencia general es percibir que la energía de los *kleshas* es difícil de gestionar, tendemos a huir de ella de manera perjudicial. Por eso necesitamos ralentizar el proceso y permitir un espacio consciente.

En la práctica de la transformación, comenzamos en primer lugar con el espacio consciente y luego llevamos las cosas un paso más allá. Utilizamos nuestros pensamientos de manera deliberada para proporcionar a los *kleshas* una dirección positiva. Y lo hacemos usando el dolor de nuestras emociones –esa misma intensidad que solemos evitar– para conectar con los demás.

En este momento, sea lo que sea que afrontemos, otras personas también están pasando por lo mismo. Sea lo que sea que esté agitando nuestro corazón, también agita los corazones de innumerables seres. Son innumerables los seres que se sienten perturbados por sus emociones, quedando atrapados en sus historias, reaccionando a ellas y viéndose arrastrados de manera destructiva. Y esta confusión, ansiedad y angustia ocurren de muchas maneras y tiene innumerables sabores. Sin embargo, nunca es solo *mi* dolor. Lo que sentimos es compartido por todos. Cuando experimentamos ira, conocemos la ira de todos los seres. Cuando nos encontramos con el aferramiento del deseo insaciable, conocemos el deseo de todos los seres. Todos los sentimientos son universales, los sentimos todos. En este sentido, todos estamos en el mismo barco.

La mayoría de las veces, cuando nos sentimos confusos, ansiosos o angustiados, nos enfrascamos en nuestro propio sufrimiento, lo que nos aleja de los demás. Perdemos de vista el hecho evidente de que, al igual que nosotros, a nadie le gusta sentirse irritado, deprimido o inseguro. Nadie es indiferente a su propio sufrimiento. Lo sabemos por experiencia y por lo que observamos. En este sentido esencial, todo el mundo –ahora y a lo largo del tiempo– es exactamente igual que nosotros. Todos queremos estar libres de cualquier forma de dolor. Todos queremos disfrutar de nuestra vida en esta tierra y no experimentar que es una carga.

Las enseñanzas sobre la transformación nos indican que utilicemos nuestro dolor emocional a modo de trampolín para abrir nuestro corazón a los demás. Si no experimentamos el sufrimiento por nosotros mismos, solo tendremos una idea abstracta de lo que les está ocurriendo a los demás. Por ese motivo, cuando sentimos la atracción del aferramiento, el fuego de la ira, la cualidad de desconexión de la ignorancia, en lugar de sentirnos mal por tener estas emociones, llegamos a apreciarlas porque nos permiten comprender la experiencia de los demás, ayudándonos a albergar empatía hacia toda la humanidad. De ese modo, los tres objetos y los tres venenos se transforman en semillas de virtud.

Por ejemplo, supongamos que nuestro *klesha* más prominente

es la ignorancia. Cada vez que nos encontramos en una situación difícil, mantenemos una conversación complicada o empezamos a agobiarnos, es como si una lámina de plástico se interpusiera entre nosotros y el mundo exterior. Apenas somos capaces de hablar o relacionarnos. Esta tendencia nos causa un enorme dolor. Nos sentimos condenados a pasar por este horrible entumecimiento una y otra vez. Nos sentimos irremediablemente bloqueados.

Sin embargo, podemos intentar pensar en nuestra indiferencia de manera diferente. Reflexionamos en que lo mismo que sentimos en este momento lo están sintiendo millones de personas en todo el mundo. Ninguna de esas personas experimenta el sentimiento con más intensidad que nosotros. Y más allá del momento presente, si pensamos en la inmensidad del tiempo, el número de personas que han tenido esta desagradable experiencia es ilimitado. Además, este es solo un tipo de sufrimiento. Aunque todos tenemos nuestras propias versiones, de una forma u otra pasamos por el mismo dolor emocional a lo largo de nuestra vida. Cuando nos adentramos en lo que nos ocurre a nosotros y nos percatamos de que a muchas otras personas les sucede lo mismo, existe la posibilidad real de derribar las barreras que hay entre nosotros y los demás, en lugar de reforzarlas. Al contemplar nuestra igualdad con los demás, empezamos a cuestionar la ilusión de la separación.

Albergar empatía y ternura hacia los otros se basa en tener empatía y ternura hacia nosotros mismos. En la medida en que podamos sentir lo que sentimos, en esa misma medida conoceremos de primera mano lo que sienten los demás. ¿Cómo podemos saber realmente por lo que están pasando otros y sentir ternura hacia ellos si no hemos sentido esas mismas cosas nosotros mismos y desarrollado ternura hacia nuestro propio dolor?

Por lo tanto, un paso importante para transformar los *kleshas* en semillas de virtud es cultivar un sentimiento de calidez hacia nosotros mismos. Imaginemos que a partir de este momento nos aceptásemos tal como somos: nuestras tendencias, nuestros defectos, sin rechazar nada. Imaginemos que pudiéramos confiar en que no somos una amenaza para nosotros, sino que estamos aquí para ayudarnos.

Cultivar un sentimiento de calidez incondicional hacia nosotros mismos es la base para transformar nuestros *kleshas* en amor hacia los demás. Por ejemplo, digamos que somos unos mentirosos compulsivos. Si simplemente odiamos este hecho de nosotros mismos, siempre nos alejaremos de cualquier oportunidad de ver lo que ocurre en realidad. Nos sentiremos demasiado amenazados incluso para preguntarnos por qué mentimos tanto: qué intentamos conseguir y qué tratamos de evitar. Y esa negación dará al problema las condiciones ideales para crecer, como el moho que prospera en la oscuridad.

Sin embargo, si desarrollamos curiosidad y simpatía hacia nuestra tendencia a mentir (no alimentándola, sino explorándola), empezaremos a sentir empatía de manera natural por otras personas que hacen lo mismo. Comprenderemos cuánto sufrimiento causa esta tendencia, cómo impide que las personas se sientan bien consigo mismas y de qué manera una baja autoestima a menudo las lleva a atacar al mundo. También comprenderemos lo difícil que resulta dejar de mentir, incluso cuando es dolorosamente obvio lo positivo que sería dejar de hacerlo.

Solo podemos ponernos en el lugar de los otros en la medida en que seamos capaces de ponernos en el nuestro. Y, cuando hacemos oídos sordos a nuestras propias emociones y tendencias, estamos separándonos de los demás. Es tan sencillo como eso.

14. Dos prácticas para transformar el corazón

Existe una práctica que podemos llevar a cabo para desarrollar el valor de sentir lo que sentimos. Se denomina «permanencia compasiva». Con la permanencia compasiva como base, podemos practicar para percibir nuestra igualdad con los demás, tal y como hemos descrito.

Si tenemos tendencia a sentir celos, por ejemplo, hacemos todo lo que esté en nuestra mano para evitar ese sentimiento desagradable. Pero en la práctica de la permanencia compasiva, en lugar de alejarnos del sentimiento de los celos, abrimos nuestro corazón a dicho sentimiento. No solo nos permitimos sentir los celos, sino que incluso les damos la bienvenida: los inspiramos con generosidad, como si respiráramos el aire puro del campo. Luego, al exhalar, nos relajamos, dejamos espacio y nos abrimos. La permanencia compasiva tiene el potencial de cambiar totalmente nuestra relación con los celos o con el resto de las emociones. En lugar de asignarlos de manera inamovible a la categoría de «desagradables» o «venenos», los sentimientos se tornan beneficiosos y nos ayudan. Al inspirar, nos abrimos a los sentimientos como si abriéramos los brazos a un ser querido. Durante la espiración, sumergimos los sentimientos en un espacio ilimitado, como si los enviásemos al vasto cielo azul.

Además de inspirar una emoción difícil, podemos utilizarla para contemplar nuestra igualdad con los demás. La agudeza de una emoción como los celos nos recuerda cuántas personas comparten esta misma tendencia. En este momento, ¿cuántas personas –de cada país, de cada ciudad, de cada pueblo del planeta– sienten celos? ¿Cuántos sufren de envidia, incluso más intensamente que nosotros? Y de estas innumerables personas, ¿cuántas –a diferencia de nosotros– tienen poca o ninguna visión sobre el modo de trabajar con sus emociones dolorosas? Sinceramente, cuando contemplo esto, a veces me hace llorar y me inspira a no malgastar mi vida compadeciéndome de mí misma.

Basándonos en lo anterior, podemos llevar a cabo la práctica del *tonglen*, la práctica de dar y tomar.* En el *tonglen*, llevamos las cosas aún más lejos al inspirar nuestro propio malestar y también el de los demás. Si sentimos ira, por ejemplo, pensamos en cuántas otras personas están sintiendo lo mismo. En términos de cualidad energética, nuestra propia ira no es diferente de la de los demás. Así pues, cuando respiramos nuestra propia ira, imaginamos que también estamos inspirando la ira de la gente de todo el mundo. Al hacerlo, pensamos: «Que todas las personas del mundo estén libres de ira. Que todos los seres se liberen del sufrimiento y de sus causas». Y llevando esto a su máxima expresión: «Que todos los seres despierten a su verdadera naturaleza».

Como complemento natural a inhalar el dolor emocional, cuando exhalamos podemos enviar a los demás cualquier emoción y cualidad positiva que pensemos que les puede aportar alegría y alivio, como amor o confianza, salud o relajación. La parte de «enviar» del *tonglen* es una forma de compartir nuestra felicidad y buena fortuna con los demás, que tienen el mismo deseo de ser felices y afortunados que

---

*   Si el lector no está familiarizado con esta práctica y desea instrucciones más detalladas, puede consultar el apéndice B.

nosotros. Contrarresta cualquier hábito inconsciente que podamos tener de guardarnos lo bueno para nosotros, de hacer hincapié en nuestro propio bienestar mucho más que en el de los demás.

En ocasiones, me pregunto: «¿Qué es realmente lo que estoy respirando?». Las emociones son dolorosas, sí, y causan estragos, pero ¿son realmente tan sólidas? Si intento buscar los celos o la ira, ¿hay algo que aprehender? Se enseña que tanto la materia que se inspira como la que se espira están vacías: solo son formas libres de cualquier etiqueta, libres de lo positivo y de lo negativo. Merece la pena reflexionar sobre esta manera absoluta de concebir esta práctica.

Mediante la práctica de dar y tomar –utilizando la alternancia natural de nuestra respiración como medio– podemos transformar cualquier emoción perturbadora en una semilla de virtud, en una semilla de amor y compasión. A medida que ganemos más experiencia aplicando esta práctica a diferentes sentimientos y en distintas situaciones, nos sentiremos menos amenazados por nuestro dolor emocional. Por el contrario, nuestros *kleshas* se transformarán en recursos preciosos para nosotros, ya que nos ayudarán a despertar el corazón compasivo de la *bodhicitta*, el anhelo de eliminar el sufrimiento de otros seres y de hacer lo necesario para lograrlo.

Cuando le pregunté a Trungpa Rinpoché qué hacer cuando muriera, me respondió: «Entrénate ahora en descansar en la consciencia abierta, y si en el momento de la muerte sientes miedo u otras emociones, haz *tonglen* por todos los seres que están muriendo y sintiendo estas mismas cosas. Piensa en aliviarlos de su sufrimiento y en enviarles felicidad». Llevo muchos años adiestrándome de ese modo, en especial cuando siento miedo. Lo inspiro y pienso en los demás y en lo que están pasando. De este modo, abro mi corazón tanto ahora como en el momento de mi muerte.

15. El tercer paso hacia el valor: las emociones como sendero al despertar

El tercer método para trabajar con nuestras emociones –el tercer paso hacia el valor– es utilizarlas como sendero hacia el despertar. La idea es permitirnos experimentar la energía de los *kleshas* de manera plena y directa. Al hacerlo, descubrimos que contienen la sabiduría que necesitamos para despertar. De esta experiencia emerge una confianza inquebrantable, una confianza que aporta intrepidez tanto en la vida como en la muerte.

Como he señalado, todos venimos a este mundo con una inconsciencia coemergente, que podemos definir como la incomprensión fundamental acerca del modo en que son las cosas. Creemos que poseemos algún tipo de identidad estable, algo que hace que «yo» sea *yo*, como algo separado del resto. Basándonos en esta incomprensión, nos encontramos de manera constante enganchados a los innumerables placeres y dolores que el mundo nos ofrece. Nuestra mente se ve completamente envuelta en los *kleshas* y en todos los problemas que los acompañan. Las enseñanzas afirman que este doloroso proceso proseguirá hasta que despertemos por completo de nuestra inconsciencia, hasta que nos veamos a nosotros mismos y a todos los fenómenos como realmente somos, es decir, fugaces, insustanciales y abiertos a todas las posibilidades, nunca separados del fundamento básico, nunca separados del espejo cósmico.

La expresión «ignorancia coemergente» es interesante porque implica que la ignorancia no aparece sola. El Buddha enseña que donde hay confusión también hay sabiduría: «sabiduría coemergente». Cada vez que nos dejamos seducir, cada vez que nuestros *kleshas* se disparan, cada vez que perdemos temporalmente la orientación y actuamos de manera destructiva, caemos en las garras de la confusión. Pero esa misma confusión es inseparable de nuestra sabiduría más profunda. Según la analogía tradicional, confusión y sabiduría son como el hielo y el agua, que están hechos de las mismas moléculas. La única diferencia es que el hielo está congelado y el agua no.

La confusión se basa en tener una visión congelada de nosotros mismos y del mundo. Es una consecuencia de nuestra incomodidad con la naturaleza carente de fundamento y del modo en que son las cosas, el espejo cósmico de cómo es la realidad. La mayoría de nosotros experimenta ese espacio abierto como ausencia de fundamento. La ira, el apego, los celos y todos los demás *kleshas* forman parte de este malestar. Si no disponemos de medios eficaces para trabajar con ellos, arruinan nuestro estado mental y nos perjudican no solo a nosotros, sino también a las personas que nos rodean. Por eso, aprendemos a trabajar con nuestras emociones.

Utilizar nuestras emociones como un sendero hacia el despertar se basa simplemente en permitir que la emoción sea tal como es. Digo «simplemente», pero dejar que cualquier cosa en nuestra mente simplemente sea es más fácil de decir que de hacer. El ego solo se siente cómodo cuando se entromete, tratando de arreglar las cosas. Siempre nos dice que no podemos dejar nada en paz. Así pues, necesitamos paciencia y valor si queremos aprender a dejar que nuestros *kleshas* sean lo que son.

En primer lugar, tenemos que dar al *klesha* el espacio suficiente para que podamos ver realmente lo que está sucediendo. Necesitamos cierta perspectiva en nuestra emoción. Esto no significa exactamente distanciarnos del *klesha*; es más bien posicionar nuestra mente para ver con claridad. Hacerlo requiere que practiquemos la abstención. Requiere una brecha mental antes de hablar o actuar. Es difícil tener perspectiva cuando estamos activados.

Con una perspectiva clara, nos permitimos experimentar la emoción de la forma más completa posible. Esto es similar a dejarnos sentir lo que sentimos, pero va más allá. En esta práctica, queremos aprender qué es realmente la emoción. En lugar de clasificarla como positiva o negativa, tratamos de contactar con su energía de forma directa e íntima, para conocer su esencia. Queremos conocerla, no solo con nuestra mente conceptual, sino profundamente, con nuestro corazón y nuestro ser completo.

Anam Thubten distingue entre *kleshas* ordinarios y *kleshas* conscientes. Los *kleshas* ordinarios son aquellos con los que estamos familiarizados. Por ejemplo, cuando nos encontramos en un estado de apego, sentimos que es desagradable, carecemos de perspectiva al respecto y solemos reaccionar de forma perjudicial. Es en los *kleshas* conscientes donde reside la sabiduría. Cuando vamos más allá de nuestra tendencia a sentirnos molestados por el apego, cuando llegamos a experimentarlo como una forma de energía despierta, entonces la emoción pierde su poder para perturbarnos. En cambio, se convierte en algo precioso, en parte de la maravilla de la vida.

Al relacionarnos con nuestras emociones de esta manera, descubrimos su aspecto iluminado: la sabiduría que es coemergente con la ignorancia y la confusión, y que está siempre presente en todos y cada uno de nuestros *kleshas*. Para contactar con ella, permitimos que el *klesha* sea simplemente lo que es. Entonces el hielo se derretirá y experimentaremos la cualidad abierta y fluida del agua.

Esto no es fácil de hacer. No solo se requiere práctica para entrar en contacto con la sabiduría de los *kleshas*, sino que también se necesita práctica para distinguir entre ambos, entre la sabiduría y la ausencia de reconocimiento. ¿Cómo podemos saber si estamos experimentando el aspecto neurótico de la energía o, por el contrario, el aspecto despierto? A menudo la evidencia más clara se encuentra en nuestro cuerpo. Por lo general, nuestros *kleshas* ordinarios corresponden a alguna forma de contracción física. Sentimos una opresión en el estómago o en la mandíbula, o, quizá de forma más sutil, en el corazón o en el plexo solar. Cuando nuestras emociones están en la fase de brasa, esta contracción puede ser difícil de detectar. Pero si practicamos el hecho de sintonizar con nuestras emociones y nuestro cuerpo, la tensión física puede servir como indicador de cuándo estamos atrapados en los *kleshas* ordinarios.

Al entrar en contacto con la sensación física de nuestra neurosis, llegamos a conocer también la sensación de sabiduría. Desde este punto de vista, la sabiduría se siente como relajación, expansión, apertura. En lugar de luchar con nuestras emociones, las dejamos ser. No las exteriorizamos ni las reprimimos. Simplemente las dejamos ser. Simplemente conectamos con lo que nos hacen sentir. En lugar de tensar nuestras fuertes opiniones y argumentos, nos relajamos y permitimos que la sabiduría coemergente en nuestros *kleshas* hable por sí misma. Si practicamos de esta manera, nuestras emociones se convertirán en un sendero directo hacia el despertar.

16. Los cinco sabores de la sabiduría

La idea de que la sabiduría y la confusión son coemergentes me impactó profundamente la primera vez que la conocí. Fue lo primero que me atrajo del budismo tibetano y a las enseñanzas de Chögyam Trungpa Rinpoché. Fue a principios de la década de los 1970, cuando me encontraba en el punto más bajo de mi vida. Había estado en todos los *ashrams*, visitado a todos los gurús de todas las nacionalidades y tradiciones. Incluso había probado un fin de semana de cienciología. Pero nada parecía hablarme de lo que realmente me estaba ocurriendo: de la gran confusión que consideraba que era mi vida.

Vivía en el norte de Nuevo México, donde muchos hippies procedentes de Haight-Ashbury habían ido a explorar las numerosas comunas y estilos de vida alternativos. Un día, subí a la furgoneta de un amigo y en el asiento había una revista llamada *Garuda*, publicada por los estudiantes de Trungpa Rinpoché, que estaba abierta por un artículo titulado «Trabajar con la negatividad».

El primer párrafo casi me hizo caer del asiento. Rinpoché decía que experimentamos la negatividad como «algo terriblemente desagradable, con mal olor, algo de lo que queremos deshacernos». Pero añadía: «Si la examinamos más profundamente, tiene un olor muy jugoso y está muy viva». Es «viva y precisa, conectada con la realidad».

Cuando recuerdo esa enseñanza, me pregunto cómo la entendí en su momento. No obstante, entendí que el mensaje básico era: «No hay nada malo en lo que te está ocurriendo. Quédate con la energía y no te desvíes. Entonces descubrirás algo que tiene gran valor». No mucho después, Trungpa Rinpoché vino a Nuevo México y pude asistir a sus enseñanzas. A partir de ese momento, durante los siguientes quince años, más o menos, tuve la oportunidad de profundizar en esas enseñanzas bajo la guía de Rinpoché.

Uno de los puntos que Rinpoché solía señalar era que la sabiduría que descubrimos en nuestra neurosis tiene diferentes sabores. En las enseñanzas budistas, hay cinco tipos principales de sabiduría, relacionados con los cinco *kleshas* primarios: el apego, la agresividad y la ignorancia, además de los celos y el orgullo. Aunque todo el mundo experimenta toda la gama de emociones, solemos tener una que destaca por encima de las otras. Experimentamos de manera predominante el aspecto neurótico de esa emoción, pero con la ayuda de estas enseñanzas, podemos aprender a reconocer y conectar con el aspecto de la sabiduría, el lado despierto y carente de ego del *klesha*. Entonces la energía de la emoción puede servir para iluminarnos y no para hundirnos.

Algunas personas, por ejemplo, se ven atrapadas con frecuencia en la agresividad. Este *klesha* aparece en sus relaciones, en el trabajo, en muchos ámbitos de su vida. Si lo dejan pasar sin control, les causa un gran daño a ellas mismas y a quienes las rodean, pudiendo convertir su vida en un infierno.

Si adoptamos el enfoque de utilizar nuestras emociones como un sendero hacia el despertar, podemos mirar más profundamente en la agresividad e intentar contactar directamente con su energía básica. Si somos capaces de hacerlo sin permitir que nuestro ego se involucre demasiado, descubriremos un sabor especial en la emoción, el sabor de la mente despierta. Desde este punto de vista, la emergencia de cualquier *klesha* se convierte en una gran oportunidad para aprovechar nuestra naturaleza más profunda, nuestra naturaleza de mente abierta, de corazón abierto y sin ego.

En el caso de la agresividad, encontramos lo que se conoce como «sabiduría del espejo». Esta tiene las cualidades de agudeza y precisión; atraviesa el engaño y lo ve todo con claridad. La sabiduría del espejo es el agua particular que aparece cuando se descongela el hielo de la agresividad.

El *klesha* del apego es coemergente con la «sabiduría discriminativa». La manifestación neurótica de esta energía aparece como aferramiento, carencia, deseo. Pero cuando nos relajamos y derretimos este hielo, permitiendo que la energía sea lo que es, descubrimos su aspecto despierto. Se trata de una cualidad cálida y compasiva que va unida a la capacidad de conectar con los pormenores de la vida: advertir, interesarse y tener una visión profunda de los detalles.

Las personas atrapadas en el aspecto neurótico de los celos tienden a ser rápidas, atareadas y críticas, queriendo crear un mundo ordenado y uniforme. El aspecto despierto se conoce como «sabiduría que todo lo logra». Cuando experimentamos esta energía libre de lucha y contracción, nos permite realizar las cosas con facilidad en beneficio de todos los implicados.

El aspecto neurótico del orgullo se asocia con el hecho de ocupar una gran cantidad de espacio. En su vertiente física, esto podría manifestarse en la forma en que alguien que llega a un retiro de meditación prepara su lugar. Además de su cojín, pone catorce mantas, tres termos, dos chales y un par de zapatillas. Si conectamos con la esencia de esta energía, se convierte en la «sabiduría de la ecuanimidad». En lugar de elegir tanto, hay una mayor apertura a la vida tal como es, una actitud de permitir que ocurra lo que sea, una sensación de ausencia de ego.

El *klesha* de la ignorancia tiene las cualidades de aburrimiento, letargia y falta de contacto. En su forma extrema se convierte en entumecimiento. El aspecto despierto recibe el nombre de «sabiduría del *dharmadhatu*». *Dharmadhatu* significa aproximadamente «espacio que todo lo abarca». Es el espacio abierto, fresco e incondicionado que lo impregna todo y puede albergar cualquier cosa.

En la década de los 1980, tuve la oportunidad de observar esta cualidad, tanto en sus aspectos despiertos como neuróticos, en un compañero de estudios. Había conocido a ese hombre solo como profesor. Era un profesor brillante, abierto y complaciente. Sus palabras transmitían una inmensa tranquilidad y apertura. Cuando enseñaba, siempre resonaban esas cualidades en mí. Con su estilo discreto, creaba una atmósfera expansiva.

Con el tiempo, llegué a conocerle personalmente y a menudo le vi como alguien distanciado, al borde de la depresión, propenso al aburrimiento y al malhumor. Fue mi primera experiencia de ver los dos aspectos –los dos aspectos coemergentes– de una cualidad emocional manifestada tan claramente.

El punto clave que hay que recordar es que, en estas cinco formas, la sabiduría y la neurosis son coemergentes. No podemos tener la una sin la otra. Existe la tendencia a pensar: «No quiero los celos; solo quiero la sabiduría que todo lo logra. No quiero las tendencias neuróticas; solo quiero las partes iluminadas». Pero eso es como si una persona sedienta en un desierto se encontrara milagrosamente con un bloque de hielo y dijera: «No me interesa el hielo. Voy a tirarlo y a buscar agua en otra parte». No hay ningún otro lugar donde buscar. Solo es cuestión de reconocer que la verdadera naturaleza del hielo no es diferente del agua que apaga la sed. Del mismo modo, si queremos descubrir nuestra propia sabiduría, no hay otro lugar donde buscar que en nuestra propia neurosis. Descubriremos entonces que hay emoción con ego y emoción sin ego.

Cuando Trungpa Rinpoché empezó a enseñar en Occidente, comenzó en un campo completamente abierto. Como fue uno de los primeros en presentar el budismo tibetano en profundidad en esta parte del mundo, tenía posibilidades ilimitadas de cómo educar a la gente. Por eso, siempre me pareció interesante que uno de los temas en los que hizo hincapié desde el principio fuera la sabiduría inherente a los *kleshas*.

Cada uno de los cinco pares de sabiduría-neurosis está conectado con una «familia búdica» o «familia despierta». Cada familia se centra en un buddha en particular, un ser totalmente despierto que encarna el aspecto despierto del *klesha*. Como decía Trungpa Rinpoché: «Uno piensa en la iluminación como uno de esos buddhas serenos: una pequeña sonrisa, tan tranquila, tan hermosa de contemplar. Pero hay muchas formas de estar cuerdo». Por un lado, podemos pensar en la sabiduría como un espacio puro, sin prejuicios, abierto, si bien contiene muchas cualidades. La iluminación se presenta en cinco cualidades básicas, cinco formas de ser cuerdo. Familiarizarse con los buddhas es sumamente útil no solo en esta vida, sino, como veremos, en los *bardos* que están por venir.*

La agresividad y la sabiduría del espejo están relacionadas con la familia Vajra. Su símbolo, el *vajra*, es un objeto ritual que representa la indestructibilidad. La esencia de la cualidad *vajra* y su

---

* En el apéndice C, en la página 201, hay un gráfico que describe las cinco familias de buddhas y sus cualidades.

sabiduría especular es el buddha conocido como Akshobhya. La sabiduría discriminativa y la neurosis del apego están conectadas con la familia Padma, simbolizada por el loto. Su encarnación despierta es el buddha Amitabha. La sabiduría del Dharmadhatu y la ignorancia corresponden a la familia del Buddha y al buddha Vairochana. La sabiduría de la ecuanimidad y el *klesha* del orgullo son propios de la familia Ratna, simbolizada por una joya, y el buddha Ratnasambhava. Por último, la sabiduría que todo lo logra y los celos se asocian a la familia Karma y al buddha Amoghasiddhi. Todas estas familias están conectadas con su propio color, elemento, estación, hora del día, etcétera, con «todos los aspectos del mundo fenoménico», como decía Rinpoché.

Algo esencial que debemos recordar, y que nos servirá en los *bardos* sucesivos, es que la naturaleza de todos estos buddhas, estos seres despiertos, no es diferente de la naturaleza de nuestra propia mente. Rinpoché pensaba que era muy importante saber cuál era nuestra familia búdica personal porque esto podía servir como clave para contactar con nuestra naturaleza iluminada –nuestra naturaleza búdica–, a la que a menudo se refería como nuestra «bondad básica». Cualquier *klesha* que nos consuma con más frecuencia y fuerza –cualquiera que nos haga sentir más cansados, más bloqueados, más avergonzados– es la puerta más directa a nuestra sabiduría más profunda, a nuestra bondad básica. Eso es, por supuesto, si podemos contactar con su energía directamente sin el apego y el rechazo del aferramiento al ego.

Tal vez nos acusemos de estar demasiado enfadados, de estar demasiado apegados, de ser demasiado distantes, de ser demasiado envidiosos o de ser demasiado arrogantes, pero dentro de cada una de esas emociones perturbadoras está la sabiduría personal de nuestra familia búdica: nuestro propio estilo de cordura. Podemos pensar: «¡Tengo un terrible problema de ira!», pero un ser iluminado le daría la vuelta y diría: «¡Qué suerte tienes! Tienes contacto directo con la sabiduría del buddha Akshobhya, que es como un espejo. Si no luchas con esa energía y te haces uno con ella, alcanzarás el despertar».

Rinpoché quería que conociéramos íntimamente la cualidad de nuestra neurosis principal, que nos familiarizásemos con su «jugosísimo aroma» y que la viéramos como parte de la riqueza de nuestro ser. Quería que dejáramos de desear ser diferentes, que dejáramos de intentar cambiar o escondernos de nuestra cualidad básica. En su lugar, deseaba que le diéramos la bienvenida, que dejáramos que el hielo se fundiera en agua, simplemente siendo conscientes del *klesha*, relajándonos con la energía, permitiéndole ser. Pero esto no significa alimentar la emoción, ni nada parecido. Alimentarla sería actuar o reprimirla. Lo que nos animaba a hacer era a descansar en medio de la energía lo mejor que pudiéramos, permitiendo que esa capacidad de descanso se extendiera gradual y naturalmente con el tiempo.

En su libro *Viaje sin meta*, Rinpoché señala: «Al trabajar con las familias búdicas, descubrimos que ya tenemos ciertas cualidades. No podemos ignorarlas, ni rechazarlas, ni tratar de ser otra cosa. Tenemos nuestra agresividad, nuestra pasión, nuestros celos, nuestro resentimiento, nuestra mente de pobreza, nuestra ignorancia, o lo que sea que tengamos. Ya pertenecemos a ciertas familias búdicas. Debemos trabajar con ellas y relacionarnos con ellas y experimentarlas adecuadamente. Son el único potencial que tenemos, y cuando trabajamos con ellas, vemos que podemos utilizarlas como peldaños hacia la iluminación».

En Gampo Abbey, una vez hicimos una broma sobre quién queríamos que fuera nuestro enlace cuando hacíamos un retiro en solitario, la persona que nos traía las cosas a la cabaña. Nuestro sistema consistía en que la persona que estaba en retiro dejaba una nota fuera de la cabaña si necesitaba algo, y el enlace lo comprobaba y volvía con la comida o lo que fuera.

Por ejemplo, supongamos que escribíamos: «Me gustaría tener suficiente queso para toda la semana». El chiste era:¿qué nos traería el representante de cada familia búdica? El enlace de Vajra nos daría siete trozos de queso muy finos y bien cortados, separados entre sí por papel encerado. La persona Ratna nos daría el queso entero. La persona Padma traería el queso en una cesta con una tela de cuadros adornada con algunas flores silvestres que hubiera recogido. El enlace Karma se pasaría bastante tiempo visitando diez tiendas en busca del tipo de queso perfecto, y luego se quejaría ante nosotros de lo agotador que había sido hacer aquel encargo. La persona de la familia de Buddha se olvidaría de venir. De hecho, incluso se olvidaría de comprobar nuestra nota.

Esta broma estaba relacionada con un juego que Trungpa Rinpoché inventó para ayudar a la gente a hacerse una idea del sabor particular de cada familia búdica. Lo llamó el «juego de las cualidades». Lo jugaba con los estudiantes de la Gampo Abbey hace algunos años, cuando impartía enseñanzas sobre los *bardos*. Una persona pensaba en una familia de buddhas concreta y los demás intentaban adivinar cuál era. Lo hacían con preguntas como «Si esta familia búdica fuera un país, ¿qué país sería?», «Si fuera una pieza musical, ¿cuál sería?».

Una vez, cuando elegí Padma, una de las preguntas de exploración fue: «Si fueras un tipo de calzado, ¿de qué tipo serías?». Yo (como Padma) respondí: «Unas zapatillas suaves de color naranja». A la pregunta «Si fueras una profesión, ¿qué profesión serías?», mi respuesta fue «Trabajadora en un asilo». Cuando la gente se implica con este juego, suele adivinar la familia búdica en pocos intentos. Esto les ayuda a estar más en sintonía con las cualidades específicas de cada familia.

Podemos ver los frutos del trabajo con las familias búdicas en algunos de los grandes sabios de nuestro tiempo. Cuando pienso en mis propios maestros, aunque no puedo asegurarlo, tengo una sensación de su cualidad particular. Su Santidad el decimosexto Karmapa tenía una fuerte cualidad de la familia Padma. Su presencia era como una luz dorada del sol. Tenía una risa cálida y me cogía la mano de la forma más entrañable.

Su Santidad Dilgo Khyentse Rinpoché, un maestro muy venerado por todos mis principales maestros, tenía más bien una cualidad de luz blanca. En su presencia, en lugar de estar en el calor del sol, se sentía más como salir al vasto espacio. Sus alumnos le llamaban Míster Universo. Para mí, ejemplificaba la sabiduría de la familia Buddha. En el caso de Trungpa Rinpoché era más difícil decirlo. Mostraba muchas de las cualidades, pero quizá era más fácil ver su cualidad propia de la familia Buddha. Tenía esa presencia espaciosa, firme y sabia asociada a la sabiduría *dharmadhatu*.

Mi principal maestro vivo, Dzigar Kongtrul Rinpoché, se presenta a mucha gente como fuertemente Vajra. Es muy inteligente y le encanta estudiar el Dharma, y cuando le oyes enseñar, sabe cómo cortar de raíz. Manifiesta una sabiduría del espejo. Pero cuando llegué a conocer mejor a Rinpoché, descubrí que también es muy Ratna. Si lo visitas, ves que tiene todo tipo de estatuas, pinturas *thangka* y otros objetos. La primera vez que fui a su cabaña de retiro, pensé:

«Aquí no cabe nada más». Pero desde entonces, ha cabido bastante más. Para mí, Vajra y Ratna son sus cualidades básicas: su sabiduría del espejo y su sabiduría de la ecuanimidad.

Todos tenemos nuestras cualidades básicas, y para todos contienen nuestra sabiduría. Son el único potencial de que disponemos. Para subrayar que las cualidades de nuestra familia búdica no son nada de lo que avergonzarse, Trungpa Rinpoché las comparó con la cocina étnica. Sea cual sea la cultura o la parte del mundo de la que procedamos –África, Asia meridional, Oriente Medio, Europa–, podemos estar orgullosos de la comida que cocinamos. Es parte de lo que somos. Del mismo modo, podemos estar orgullosos de ser Vajra, Karma o Padma. Es parte de lo que somos.

La única diferencia entre nosotros y los practicantes muy avanzados es que nosotros pasamos la mayor parte del tiempo contrayendo nuestras emociones y perpetuando la neurosis, mientras que ellos son capaces de relajarse con la energía de su familia búdica, morar en su sabiduría y desplegar sus maravillosas cualidades. Nosotros tendemos a luchar contra lo que somos, mientras que personas como mis maestros se adentran plenamente y con confianza en lo que son. Son capaces de aprovechar al máximo sus cualidades intrínsecas para disfrutar de la vida y beneficiar a los demás.

17. Experimentando las cosas como son: el *bardo* de *dharmata*

He compartido con los lectores algunas de las instrucciones, de eficacia probada, que he recibido para trabajar con las emociones. Se pueden poner en práctica ahora mismo en el *bardo* de esta vida o en cualquiera de los *bardos* que están por venir. El modo en que trabajamos con nuestros pensamientos y emociones en este momento es lo que nos llevaremos con nosotros cuando muramos. No podemos dejarlo para el final, puesto que entonces será demasiado tarde. Así pues, ahora es el momento. Morimos tal como vivimos. Por eso, si practicamos estas instrucciones en el presente con vistas a que nos ayuden durante los *bardos* posteriores al momento de la muerte, entonces estaremos bien preparados para cualquier cosa que pueda ocurrir.

Cuando dejamos atrás el proceso de la agonía, arribamos a la etapa en la que se disuelven las apariencias de esta vida. En ese momento, se disipan todas las nubes de la confusión y los hábitos y lo único que resta es la verdadera naturaleza de la mente: carente de obstáculos, como un prístino cielo azul. En realidad, nunca estamos separados de esta naturaleza como-el-cielo, nunca estamos separados del espejo cósmico. En el momento de la muerte, tenemos la oportunidad de darnos cuenta de ello plena y completamente.

En el momento de la disolución final, es como si nuestra naturaleza despierta nos fuera entregada en bandeja de plata. Si podemos fusionarnos de manera plena con esta naturaleza –si reunimos la luminosidad hija con la luminosidad madre–, alcanzaremos al instante la iluminación completa, «como un hijo o una hija que vuelve a casa». Sin embargo, esta oportunidad –que los practicantes de esta tradición consideran la más grande de toda su vida– pasa en un instante. Se dice que la gran mayoría de las personas, incluyendo la mayor parte de los meditadores, pierden esta oportunidad y entonces entran en el siguiente *bardo*, el *bardo* de *dharmata*. *Dharmata* significa «la verdadera naturaleza de los fenómenos», «talidad» o simplemente «las cosas tal como son». Este término nos sugiere que durante este *bardo* experimentamos directamente la realidad más allá de nuestros puntos de vista y opiniones habituales, sin ninguna superposición conceptual.

El libro tibetano de los muertos me parece un tanto divertido, porque básicamente nos asegura: «Si haces lo que te digo, es imposible que no despiertes». Luego nos dice lo que tenemos que hacer y añade: «Pero si no aprovechas esta oportunidad, te encontrarás en una nueva situación y podrás hacer otra cosa». Y sigue así, presentándonos una oportunidad tras otra. Me gusta pensar en este texto como el «libro de las segundas oportunidades». El *bardo* de *dharmata* nos proporciona no solo una, sino muchas segundas oportunidades.

Si hemos perdido la oportunidad de fundirnos con la luminosidad madre, entonces nuestra consciencia finalmente abandona el cuerpo y caemos en un estado de inconsciencia. Entonces es como si recibiésemos una anestesia general: entramos en un estado mental completamente en blanco, sin consciencia de ninguna cosa en absoluto.

Cuando despertamos, nos hallamos en el *bardo* de *dharmata*. Aquí, en comparación con la experiencia habitual durante el *bardo* de esta vida, nuestro corazón y nuestra mente están mucho más abiertos, todo lo abiertos que es posible. Este es un estado de ausencia de ego en el que nos vemos temporalmente libres de nuestro punto de referencia más habitual, nuestro sentido del yo. Disfrutamos de una experiencia no dual. En este sentido, es similar a lo que ya ocurrió tras la disolución de los elementos. La principal diferencia es que, durante el *bardo* de *dharmata*, las apariencias comienzan a manifestarse, desde la base fundamental, como poderosas visiones y sonidos y posteriormente como formas específicas.

Así es, hasta cierto punto, como experimentamos las cosas incluso ahora si vamos lo suficientemente despacio como para darnos cuenta de ello. En cualquier encuentro, primero hay un espacio abierto. Algo se mueve hacia nosotros y el encuentro está muy abierto, lleno de posibilidades, no solidificado de ninguna manera. Todavía no nos hemos formado ningún concepto sobre lo que ocurre. Entonces solo percibimos la forma y el color del objeto. Luego enfocamos mejor y estamos bastante seguros de que es una persona. Entonces experimentamos aversión, atracción o indiferencia. La experiencia pasa de tener una cualidad muy abierta a ser cada vez más concreta y sólida.

Creo que merece la pena intentar transmitir una idea de lo que puede ser la experiencia de este *bardo*. Aunque obviamente no puedo verificar estas enseñanzas a partir de mi experiencia personal, provienen de una larga línea de maestros profundos y compasivos que nunca me han llevado por el mal camino. Según mi experiencia, los beneficios de explorar las partes más misteriosas de la tradición budista tibetana no siempre son evidentes de inmediato, pero con el tiempo se tornan patentes. Mi enfoque general, como mencioné en la introducción de este libro, es seguir el amable consejo de Dzigar Kongtrul Rinpoché: no rechazar ni aceptar indiscriminadamente estas enseñanzas, sino tenerlas en cuenta y abrirse a ellas.

El *bardo* de *dharmata* constituye un magnífico despliegue de visiones y sonidos. Al principio, la realidad proyectada durante este *bardo* se presenta en forma de luces brillantes que colman todo el espacio: vastos arcoíris, discos y rayos luminosos. Parece hermoso, pero los colores son tan intensos y potentes que pueden resultar aterradores. Al mismo tiempo, hay sonidos extremadamente fuertes, que, según Trungpa Rinpoché, son comparables al «sonido de todos los instrumentos musicales del universo siendo tocados al mismo tiempo».

A continuación, según *El libro tibetano de los muertos*, estas apariciones comienzan a asumir las formas de deidades pacíficas e iracundas que se manifiestan en una secuencia muy particular. Las primeras cinco deidades son los buddhas de las cinco familias de los que acabamos de hablar. Aunque se consideran «pacíficos», no son tranquilizadores en ningún sentido familiar, sino que tienen una cualidad intensamente despierta. El primero en aparecer es Vairochana azul, la encarnación de la sabiduría del *dharmadhatu*, que es el aspecto de la sabiduría del *klesha* de la ignorancia. El siguiente es el blanco Akshobhya, que representa la sabiduría del espejo, el aspecto despierto de la agresividad. Viene luego el amarillo Ratnasambhava (sabiduría de la ecuanimidad y el orgullo), seguido por el rojo Amitabha (sabiduría de la discriminación y el apego) y el verde Amoghasiddhi (sabiduría que todo lo logra y los celos).

Con la aparición de cada uno de estos buddhas, podemos alcanzar el despertar completo fusionándonos con el buddha correspondiente y su luz de un determinado color. Lo hacemos relajándonos y comprendiendo que lo que vemos son nuestras propias proyecciones. Dzigar Kongtrul Rinpoché decía que la idea es mirar directamente a la luz y permanecer con ella. Esto es más fácil de decir que de hacer, ya que nuestro primer instinto suele ser apartarnos del brillo abrumador de la luz, la cual resulta perturbadora porque no estamos acostumbrados a ella. Al mismo tiempo, junto con las luces brillantes, veremos luces más tenues y tranquilizadoras, y tendremos la tendencia a sentirnos atraídos por ellas. Pero resulta que dejarse arrastrar por lo que es habitual, tranquilizador y adictivo no es una buena idea.

Aunque, en cierto modo, es una tontería, ahora que estoy familiarizada con estas enseñanzas, cada vez que me encuentro con una luz muy brillante, una luz tan poderosa que quiero alejarme de ella, me entreno para volverme hacia ella y relajarme. Sin embargo, nos inclinamos a buscar las alternativas más tenues y acogedoras, aunque eso signifique quedarnos atrapados en nuestras tendencias y patrones demasiado familiares. Trungpa Rinpoché llamaba a esto verse atraído por la «mentalidad de la comodidad», un rasgo que consideraba demasiado común en sus discípulos.

Hay dos lugares en *El libro tibetano de los muertos* en los que se habla de estas alternativas más acogedoras. Tanto en el *bardo* de *dharmata* como en el siguiente *bardo*, el *bardo* del devenir, las luces tenues y seductoras nos atraen de vuelta al samsara. Estas luces suaves representan nuestra predecible respuesta habitual al malestar: nos atrae lo que nos calma y no aquello que nos desafía. En el *bardo* de *dharmata*, las luces tenues se presentan como una alternativa a las penetrantes luces brillantes de la sabiduría. Podemos elegir entonces entre volver a nuestras tendencias y *kleshas* habituales o permanecer plenamente presentes con las luces penetrantes de la sabiduría. En el *bardo* del devenir, las luces tenues también se presentan como caminos que hay que evitar: caminos hacia los seis reinos de la existencia samsárica. Más adelante me ocuparé de esto con mayor detalle.

La mejor manera de prepararnos para esta situación es entrenarnos durante esta vida, tanto como sea posible, en relajarnos con la energía de nuestro *klesha* dominante. Gracias a este proceso, la cualidad despierta de nuestra propia familia búdica se revelará poco a poco. Entonces tendremos más posibilidades de poder fusionarnos con esta energía cuando aparezca en su forma pura y no diluida durante el *bardo* de *dharmata*. Por ejemplo, si nuestro *klesha* principal es el apego, en lugar de rechazar dicho apego, podemos practicar la relajación con su energía y quizás descubrir la compasión y la calidez de la sabiduría de la familia Padma. Si hacemos esto a menudo y nos familiarizamos con esa sabiduría, quizá reconozcamos en el *bardo* la luz roja de Amitabha y nos dirijamos naturalmente hacia ella y nos relajemos. Y si no es así, no debemos preocuparnos: seguimos haciéndonos amigos de nuestra identidad Padma completamente despierta.

Es importante saber que los detalles específicos de lo que encontraremos estarán fuertemente influenciados por nuestra orientación cultural y nuestros sistemas de creencias. Un cristiano, por ejemplo, podría ver a todos los santos. Un hombre me dijo que, como no tenía creencias religiosas, quizá vería un montón de hermosos conejitos. Probablemente no, pero nunca se sabe.

A menos que hayamos pasado largo tiempo estudiando las descripciones de los buddhas y mirando las pinturas *thangka* de las deidades budistas, es poco probable que los veamos tal como se representan en las enseñanzas. Los propios textos tibetanos contienen diferencias entre ellos. Pero, en lugar de fijarnos demasiado en los detalles, lo principal que debemos recordar –el punto común en todas estas enseñanzas– es que veremos seres de sabiduría en alguna forma que encarnan el despertar inherente a nuestras neurosis. Si nos hemos acostumbrado a no contraer nuestra energía *klesha* ni alejarnos de ella, tenemos la oportunidad de darnos cuenta de que esta energía despierta no es una visión externa a la que reaccionamos con esperanza y temor, sino que es inseparable de nuestra propia verdadera naturaleza.

Según *El libro tibetano de los muertos*, las visiones del *bardo* de *dharmata* tienen lugar durante un periodo de doce días. En este contexto, sin embargo, un «día» no equivale al periodo de veinticuatro horas que constituye un día humano en el *bardo* de esta vida. La mayoría de los maestros definen estos días como el tiempo que uno puede descansar sin distracciones la mente en la consciencia abierta; en ese caso, un día podría ser tan corto como el tiempo que se tarda en chasquear los dedos.

Las apariencias que emergen durante el *bardo* de *dharmata* son proyecciones de nuestra mente, pero eso no hace que parezcan menos reales que cualquier cosa que experimentemos ahora mismo. Nuestra mente siempre está proyectando. Trungpa Rinpoché escribió que sentía gran compasión por los seres «que tienen miedo de los fenómenos externos, que son sus propias proyecciones». A nivel cotidiano, por ejemplo, sabemos que nuestras proyecciones sobre una determinada persona o grupo de personas pueden ser completamente infundadas. Sabemos que muchas de nuestras proyecciones sesgadas no son creíbles y que creemos, por ejemplo, que vemos un tigre aterrador cuando solo es una roca.

Cuando nos hallamos en el *bardo* de *dharmata*, nuestra mente como-el-cielo queda temporalmente libre de las nubes de los hábitos, los prejuicios y las historias. Nuestras proyecciones ya no tienen la densidad y solidez de los objetos que encontramos en nuestra vida cotidiana. Son más bien como el arcoíris. Los cinco buddhas y las demás apariencias brillantes no son el producto de nuestra habitual mente confusa y dualista. Provienen de nuestra verdadera naturaleza, que es inefable, carente de prejuicios y no dual.

Cada una de las deidades proyectadas durante el *bardo* de *dharmata* representa una oportunidad diferente para alcanzar el pleno despertar. Aunque la familia búdica con la que más afinidad tengamos nos proporcionará nuestra mejor oportunidad, todas estas deidades son puertas potenciales. Fusionarse con cualquiera de ellas será como reunirse con nuestra propia sabiduría en forma de algo aparentemente exterior, pero inseparable de nuestra naturaleza más profunda. Si nos entrenamos tanto como nos sea posible en mantenernos abiertos a las apariencias imprevisibles y carentes de fundamento de esta vida, podemos tener el instinto de permanecer abiertos en el *bardo* de *dharmata* y llegar a estar plenamente despiertos.

18. La apertura a la sacralidad del mundo

El libro tibetano de los muertos pertenece a una categoría de enseñanzas budistas conocida como Vajrayana, el «vehículo del diamante». Lo que diferencia el Vajrayana de otros enfoques del Dharma es que tomamos el resultado como el camino.

En general, un camino va de un lugar a otro. Se entra en un camino dondequiera que comience y se sigue en él hasta llegar a su destino final. El sendero del Vajrayana hacia el despertar no es de ese modo. La idea es que dondequiera que estemos ya es el destino final. En otras palabras, ya estamos iluminados. El trabajo ya está hecho; en realidad, nunca ha dejado de estarlo. Lo único que nos falta es que reconozcamos y admitamos plenamente este hecho. Tal vez creamos que esto es «misión imposible», pero no lo es.

Todos los métodos del Vajrayana se basan en esta visión. El camino Vajrayana ofrece innumerables prácticas, muchas de las cuales implican la visualización. Por ejemplo, nos visualizamos como un buddha en el centro de un mandala iluminado. Todas las personas que conocemos y todo lo que vemos son deidades, manifestaciones de la forma iluminada. Cada sonido que escuchamos es un mantra sagrado, una manifestación de la palabra iluminada. Y todo lo que pensamos –cada movimiento de nuestra mente– es una manifestación de la mente iluminada.

Esta práctica nos ayuda a considerar que todo en nuestra experiencia es sagrado. Gracias a ella descubrimos que vivimos –y siempre hemos vivido– en un mundo sagrado. La palabra «sagrado», sin embargo, no significa «religioso», sino que ya está despierto. Todo lo que aparece ya está despierto. El término también conlleva la idea de que uno es precioso o está bendecido; no bendecido por nadie, sino bendecido por su propia naturaleza.

Las prácticas Vajrayana son profundas, sutiles y fáciles de malinterpretar. Es esencial estudiarlas bajo la guía directa de un maestro cualificado y experimentado que no tenga más agenda personal que la de ayudarnos a despertar a nuestra propia naturaleza iluminada. Sin embargo, una cierta familiaridad con las ideas básicas nos ayudará a desarrollar una visión más positiva y optimista de la muerte y los *bardos*, por lo que creo que merece la pena presentarlas en el presente contexto.

Cuando decimos que nuestro mundo es sagrado y que todas las personas que conocemos son deidades, ¿qué significa esto realmente desde el punto de vista de nuestra experiencia? ¿Empezaremos a ver a todo el mundo con una luz que dimana de ellos como en las pinturas religiosas? ¿El ruido del tráfico al otro lado de nuestra ventana se convertirá en un himno celestial?

En un nivel simple y cotidiano, la sacralidad del mundo se inicia con una actitud de apertura y curiosidad, en lugar de juicio y temor. Cuando nos levantamos por la mañana, pensamos: «Me pregunto qué va a pasar hoy», pero no «Ya sé por qué el día de hoy va a ser deplorable». Nuestra actitud es «Estoy preparado para todo», pero no «Ay, por Dios».

Podemos cultivar esta actitud entrenándonos para percibir la bondad básica de todo lo que vemos, oímos y pensamos. «Bondad básica» no se refiere a lo bueno y lo malo en el sentido ordinario y dualista. Lo que significa es que todo forma parte del despliegue de la sabiduría. Permitimos que todo sea tal cual es, sin estar a favor o en contra, sin etiquetarlo como correcto o incorrecto, agradable o desagradable, feo o hermoso. Esta es la actitud propia de la bondad básica. En lugar de seguir las atracciones y rechazos de nuestro ego, aprendemos a disfrutar de los fenómenos tal como son. En lugar de ver todo a través del filtro de nuestros hábitos y tendencias, apreciamos nuestro mundo tal como es. Al describir esto, el pionero traductor budista Herbert Guenther dijo que empezamos a experimentar el mundo como «imbuido de una atmósfera de lo milagroso».

Cuando accedemos al *bardo* de *dharmata*, nos vemos despojados de manera provisional de nuestros oscurecimientos y encontramos fugazmente la verdadera naturaleza de los fenómenos, la cual aparece como luces intensamente brillantes y apariencias vívidas, que se desarrollan más adelante en las cinco familias de buddhas o formas similares para personas de diferentes credos y costumbres. Nos encontramos con la bondad básica al desnudo y experimentamos la sacralidad del mundo en todo su esplendor. Pero, a menos que nos hayamos acostumbrado a la brillantez y el poder de este mundo carente de filtros, es casi seguro que nos apartaremos y buscaremos algo más familiar y menos amenazador. Perderemos esta oportunidad de alcanzar el pleno despertar y accederemos al siguiente *bardo*, el *bardo* del devenir, donde encontraremos apariencias más familiares.

Pero antes de describir el *bardo* del devenir, permítaseme añadir algo más acerca de este momento crucial en el *bardo* de *dharmata*, en el que tenemos la opción de quedarnos o escapar, es decir, permanecer con las brillantes proyecciones de nuestra mente iluminada de manera innata o dirigirnos hacia aquello que nos parece más cómodo y familiar. La elección que efectuemos entonces tendrá que ver completamente con nuestra forma de elegir ahora.

Como seres humanos, nuestra tendencia general es la de buscar situaciones cómodas y, cuando las encontramos, hacemos todo lo posible para permanecer en ellas. Por lo general, queremos posicionarnos de modo que podamos relajarnos, disfrutar y despreocuparnos. Buscamos la comodidad de infinitas maneras: familia, relaciones, entretenimiento, dinero, comida, alcohol, ropa, muebles, sol, elogios, fama, poder, unas vacaciones en Maui, la religión, o lo que sea.

No hay nada intrínsecamente negativo en querer estar en nuestra zona de confort. Es sano que nos sintamos seguros, relajados y satisfechos con nuestro mundo. Disfruto mucho del sol y la buena comida de Maui. Me siento realmente bendecida por tener de vez en cuando esa experiencia. Si las cosas fueran siempre difíciles y desafiantes, probablemente estaríamos demasiado estresados y ansiosos para experimentar cualquier tipo de bondad amorosa hacia nosotros mismos o para mostrar calidez y amabilidad hacia los demás. Nos costaría percibir algo positivo en la vida, por no hablar de experimentar la sacralidad del mundo. Muchas personas en este mundo, que de otra manera se sentirían inclinadas a seguir un camino espiritual, simplemente carecen de la comodidad mínima, la facilidad y el tiempo necesarios para perseguir este esfuerzo. El hecho de que nuestras vidas contengan un cierto grado de comodidad –lo suficiente, por ejemplo, como para tener la oportunidad de leer un libro sobre las enseñanzas del *bardo*– es algo que debemos apreciar cada día.

El principal problema de la búsqueda de comodidad es que tendemos a llevarla demasiado lejos. Si somos capaces de conseguir algo de la comodidad que anhelamos, solemos convertir esta búsqueda en una ocupación a tiempo completo. La orientación hacia la comodidad se convierte en nuestra forma de vida, llegando a obsesionarnos con evitar la incomodidad. Empezamos a pensar que, si de alguna manera lo hacemos todo bien, podremos permanecer para siempre en nuestra zona de confort. Y eso se convierte en nuestra idea de «la buena vida».

Entonces, cuando la comodidad nos elude –o cuando nuestro objeto de comodidad en realidad nos aporta incomodidad–, solemos pensar que hemos hecho algo mal. Hemos cometido un error por descuido, no disponíamos de toda la información, o simplemente lo hemos estropeado. Pero la próxima vez –pensamos– lo haremos mejor. La próxima vez haremos todos los movimientos correctos, como nuestros amigos que siempre parecen tan dichosos y satisfechos en sus publicaciones de Instagram. Sin embargo, lo más probable es que nuestros amigos de Instagram hagan lo mismo que nosotros, es decir, mirar a otras personas y pensar: «Si pudiera conseguir lo mismo que ellos». ¡También tienen este tipo de pensamientos al contemplar nuestras fotos de Instagram! Y resulta que todos nosotros probablemente estamos haciendo las mismas suposiciones inocentes e ingenuas sobre el resto de la gente.

Así pues, deberíamos tener una visión más realista y formularnos una sencilla pregunta: ¿ha habido alguien en toda la historia de la raza humana que haya alcanzado la satisfacción permanente? O, visto desde la otra cara de la moneda, ¿ha podido alguien evitar el sufrimiento? ¿Ha podido alguien evitar la pérdida, la enfermedad, la decepción y la ausencia de fundamento? ¿Ha podido alguien evitar la muerte? Como solía decir Thinley Norbu Rinpoché: «No hay nada perfecto en el samsara».

Conocemos la respuesta a estas preguntas. Los retos y los sucesos indeseados son inevitables. La ausencia de fundamento y la muerte son ineludibles. Ningún periodo de confort es duradero. Es importante disfrutar y no hallarse continuamente abrumados por las dificultades de la vida. Es importante relajarse y renovarse, pero si cuando surgen desafíos, siempre tratamos de escapar, nos daremos cuenta de que no hay ningún lugar en el que esconderse.

Más allá de la zona de confort está lo que los educadores llaman «zona de desafío» o «zona de aprendizaje». Aquí es donde nos ponemos a prueba. Queremos que las cosas funcionen de una manera determinada, pero se desenvuelven de otra. Queremos estar sanos, pero enfermamos. Queremos dar buena impresión, pero hacemos el ridículo. Queremos paz y tranquilidad, pero solo obtenemos ruido y caos. No hay límite a las formas en que nuestra búsqueda de comodidad puede verse frustrada. Sin embargo, el crecimiento de nuestra vida se produce en estas situaciones desafiantes.

Cuando nos hallamos en nuestra zona de desafío, descubrimos de qué estamos hechos realmente porque ese es el lugar donde se torna evidente nuestra tendencia a vernos contrariados. Ahí es donde emergen nuestros *kleshas* y hábitos destructivos, donde nuestro ego se dispara y donde tendemos a retroceder o a enloquecer. Pero también es aquí donde tenemos una oportunidad de oro para empezar a liberarnos de nuestros patrones habituales.

La mayor parte del tiempo, estamos gobernados por nuestras tendencias. Nuestra lucha perpetua contra la vida tal cual es, es como una espesa capa de nubes que oscurece de continuo la mente clara y ecuánime. Sin embargo, una vez que hemos adquirido cierta sensación de esa mente relajada y abierta –a través de la práctica formal de la meditación o experimentando espacios y otros momentos de apertura en nuestra vida cotidiana–, podemos desarrollar cierta atracción por cualquier cosa que nos ayude a atravesar las nubes.

En ese momento, empezamos a tener cierto aprecio por la incomodidad y la decepción. Tal vez no invitemos a esos acontecimientos y sentimientos no deseados o no disfrutemos de ellos, pero empezamos a aprender a hacer un mejor uso de ellos cuando aparecen espontáneamente.

Sin embargo, algunas personas tienen la tendencia a forzar situaciones difíciles, lo cual suele ser contraproducente. Si no prestamos suficiente atención a nuestro cuerpo o nuestra mente, podemos sobrepasar la zona de desafío y entrar en la zona de «alto riesgo» o «peligro». Es entonces cuando la incomodidad o el estrés se convierten en algo que no somos capaces de gestionar y no aprendemos nada. Por el contrario, podemos acabar traumatizados y replegarnos más hacia nuestra búsqueda de confort. Por supuesto, a veces la zona de alto riesgo se nos impone y no tenemos más remedio que sacar lo mejor de ella. Pero si aceptamos el reto como una herramienta de crecimiento, debemos tener cuidado de no llevar las cosas demasiado lejos.

El Buddha fue célebre por defender el enfoque del «camino medio» en la práctica espiritual y por advertir que no hay que caer en los extremos. Un extremo consiste en obsesionarse con la comodidad; el extremo opuesto es cortejar el peligro. El camino medio, en este contexto, estriba en aprovechar cualquier cosa que emerja de forma natural como un medio para abrir el corazón y la mente. Si practicamos la búsqueda de la bondad básica en cualquier cosa que surja, entonces seguiremos creciendo, ocurra lo que ocurra. Poco a poco nos encontraremos en un lugar diferente. Tendremos nuevas formas de entender. A medida que pase el tiempo, algo se profundizará en nosotros. Si nos reunimos con amigos a los que no hemos visto en varios años, pueden decir: «De alguna manera has cambiado».

Tal vez adviertan que somos más abiertos y flexibles, que estamos menos tensos y que no nos tomamos a nosotros mismos tan en serio como en el pasado. Cuando apreciamos los retos como oportunidades de crecimiento, estos cambios se producen de forma natural. Pueden ser graduales, tan graduales que ni siquiera nos percatamos de que están ocurriendo. Sin embargo, podemos confiar en que el desarrollo continuará momento a momento, día tras día.

La vida tiende a ser más desafiante cuando hemos estado medio dormidos durante largo tiempo, dormitando en nuestras suposiciones acerca de cómo son las cosas y cómo deberían ser. Entonces, algún acontecimiento o una idea irrumpe en nuestro aburrido estado mental y nos dice: «¡Despierta!». Los recordatorios repentinos de la transitoriedad suelen tener este efecto. La pérdida de un ser querido o la visión en el espejo de nuestro rostro sorprendentemente envejecido pueden sacarnos de nuestra complacencia. La verdad no siempre es algo que queramos escuchar. Pero, para experimentar todo nuestro potencial como seres humanos, sería prudente apreciar la verdad en cualquier forma que se manifieste.

A medida que desarrollamos la disposición a acoger los retos que aparecen en la vida diaria, nuestra experiencia cotidiana se vuelve más relajada y agradable. Nos sentimos más cómodos con la sorpresa y la incertidumbre y somos más capaces de entrar en situaciones que antes se encontraban en la zona de alto riesgo. Y cuando muramos, estaremos preparados para las experiencias luminosas y desorientadoras descritas en las enseñanzas del *bardo*.

Las luces brillantes del *bardo* de *dharmata* son las luces de la realidad cruda e irreductible. Como he dicho, es muy útil familiarizarse con la energía de nuestra familia búdica predominante para que, cuando se manifieste en su desnudez en este *bardo*, nos fundamos con ella con el fin de alcanzar nuestra naturaleza iluminada. Sin embargo, no tenemos que pensar: «Soy Padma, de manera que eso significa que debo buscar la luz roja», o «Soy Karma, así que estaré atento al buddha Amoghasiddhi». El *bardo* de *dharmata* no es un examen académico para el que estudiamos con el fin de obtener una buena calificación, sino que es más bien cuestión de cultivar el hábito de permanecer abiertos a la plenitud de la vida, de ir por el trayecto principal y no por la ruta de escape: la comida tranquilizadora, la cama acogedora, las infinitas maneras en que nos distraemos y nos desconectamos.

Tal como vivimos, morimos. Si estamos dispuestos a pasar tiempo en la zona de desafío, entonces la forma en que nos enfrentamos al *bardo* será igualmente valiente y nos liberaremos de todos nuestros miedos. Pero si habitualmente escapamos de los desafíos, entonces nos veremos atraídos por el camino de menor resistencia. En ese caso, nos dirigiremos al *bardo* del devenir, como hacen la gran mayoría de los seres cuando fallecen. No obstante, también hay muy buenas noticias en el *bardo* del devenir porque aún hay más oportunidades de despertar.

19. De la apertura a la concreción: un patrón permanente

Según el Buddha, nunca está todo perdido. Esto se debe a que cada ser vivo –desde los humanos hasta los pequeños insectos y los espíritus invisibles– tiene el potencial del completo despertar. ¡Es maravilloso que todos los seres estemos dotados de ese potencial!

Para cualquiera que no se haya preparado con antelación para la muerte, las oportunidades de despertar durante el *bardo* del momento de la agonía y el *bardo* de *dharmata* pasarán tan rápido que lo más probable es que no sean reconocidas. Si un insecto golpea nuestro parabrisas mientras conducimos, no tendrá consciencia de la luminosidad ni de las deidades (a menos que sea un insecto muy especial) y se encontrará de inmediato en el siguiente *bardo*, el *bardo* del devenir. Y aquí sus tendencias lo conducirán a su próximo nacimiento en uno de los reinos del samsara.

Se dice que nuestra experiencia en el *bardo* del devenir es exactamente como nuestra experiencia onírica. Cuando soñamos, no vamos a ninguna parte ni hacemos nada con nuestro cuerpo. Nuestro cuerpo yace dormido en nuestra cama. Pero aun así somos capaces de afrontar activamente vívidas experiencias que parecen reales porque nuestra mente proyecta un cuerpo mental. Este cuerpo mental puede hacer las mismas cosas que hace nuestro cuerpo físico. Pero, como está menos limitado que nuestro cuerpo de vigilia, también puede hacer muchas otras cosas maravillosas.

En los sueños, obramos milagros: volamos, atravesamos paredes, nos encontramos en espacios y configuraciones que resultarían imposibles para un cuerpo físico sólido. La situación en el *bardo* del devenir es exactamente la misma. Como el cuerpo mental ya no está atado a nada físico, puede hacer cosas increíbles. Sin embargo, también se afirma que la experiencia de este *bardo* es más inquietante que emocionante. Se parece a verse arrastrado por vientos muy poderosos. Tras pasar un periodo en un estado tan vulnerable y agitado, la mayoría de los seres se sienten impelidos a buscar un nuevo cuerpo.

Se afirma que las experiencias de la agonía, pasar por el estado intermedio y tomar un nuevo nacimiento coinciden estrechamente con el proceso diario de dormir, soñar y despertar al día siguiente. Cuando nos dormimos –como en el momento de la muerte–, nuestras cinco conciencias sensoriales se retiran, paulatinamente en un proceso nocturno de disolución. Al final de dicho proceso, experimentamos una breve brecha, que es muy parecida al amanecer de la luminosidad madre en el momento de la muerte. Es una experiencia de espacio completamente abierto y de potencial infinito. Aunque esa brecha es demasiado fugaz para que la mayoría de nosotros se percate de ella, los meditadores avanzados, capaces de mantener la consciencia mientras duermen, pueden observar esa luminosidad y descansar en ella.

A partir de ese espacio abierto emergen los primeros atisbos de la forma, que, tal como sucede en el *bardo* de *dharmata*, son proyecciones carentes de ego de nuestra propia mente. Estas manifestaciones tienen un carácter tan sutil y fugaz que resulta muy fácil pasarlas por alto. En este momento, entramos en el mundo de los sueños, donde lo que encontramos parece tener una sustancia real. Nuestro cuerpo mental sigue teniendo experiencias sensoriales. Estas experiencias no siempre tienen sentido de acuerdo con nuestra lógica ordinaria, pero creemos que lo que ocurre es muy real y reaccionamos a ello en función de nuestras tendencias. Esto es muy similar a lo que ocurre durante el *bardo* del devenir.

Cuando nos despertamos por la mañana, se reactivan nuestros cinco sentidos habituales y nos encontramos de nuevo en el cuerpo físico, una situación similar a tomar nuestro siguiente nacimiento. Nuestras experiencias pasadas –de la noche que ha terminado, del día anterior y de todas nuestras noches y días precedentes– se han marchado para siempre. En muchos aspectos, disponemos de un nuevo comienzo, de una nueva vida.

Este patrón consistente en pasar de la apertura a la concreción se repite de muchas maneras a lo largo del *bardo* natural de esta vida. De hecho, se repite de continuo día tras día. Cada momento toca a su fin. Y ese final es una especie de muerte. Algo que ha sido deja de ser. Antes de que surja el siguiente evento, hay un vacío, un momento de completa apertura dotado de un potencial ilimitado. De ese espacio preñado emerge una energía bruta, una sutil insinuación de lo que aparecerá a continuación. Esta energía se solidifica casi al instante dando nacimiento a nuestro siguiente momento de experiencia.

En un nivel muy sutil, ninguna de nuestras experiencias mentales, emocionales o físicas perdura más de un instante. Quizá nos parezca que estamos oliendo el mismo aroma a lilas o sintiendo el mismo enfado entre diferentes momentos, pero si disminuimos la velocidad lo suficiente como para advertir el movimiento continuo y sutil de la vida, se torna evidente que todo se halla en un estado de flujo constante en el que hay numerosos intervalos.

Esto es algo que podemos comprobar en el cojín de meditación. Por ejemplo, sentimos que experimentamos el asalto sólido e ininterrumpido de la ira. Pero, si miramos más de cerca, vemos que la ira no es tan monolítica como parece. Como cualquier otro *klesha*, la ira fluye y refluye; se manifiesta en distintas zonas del cuerpo, y hay momentos durante la experiencia en los que nuestra atención se desplaza por completo a otro lugar y dejamos de sentirla.

Los meditadores más avanzados son conscientes de todas las etapas de este proceso, no solo del final de un momento y el comienzo del siguiente, sino también de la energía que hay entre ellos. En el lenguaje del budismo tibetano, este patrón de tres etapas suele describirse en términos de los «tres *kayas*».

La palabra sánscrita *kaya* significa, literalmente, «cuerpo», pero en este caso estamos hablando de diferentes niveles de realidad, desde el más sutil hasta el más burdo. *Dharmakaya* se refiere al espacio básico a partir del cual emergen todas las formas. *Sambhogakaya* es el aspecto energético, la forma sutil que subyace a las manifestaciones solidificadas que conforman nuestra experiencia cotidiana. Nirmanakaya tiene que ver con los fenómenos concretos que percibimos con nuestras facultades ordinarias.

Desde cierto punto de vista, los tres *kayas* son etapas que se repiten instante tras instante, aunque también cabe afirmar que los tres están presentes en todo momento. En el espacio abierto, preñado de posibilidades, siempre hay un potencial energético. Y ambos aspectos de la realidad –espacio y energía– se manifiestan de continuo, dando lugar a formas concretas.

A mayor escala, podemos conectar los tres *kayas* con las tres principales oportunidades para despertar que aparecen en el curso de los *bardos*. En el momento de la muerte, la posibilidad de fundirse con la luminosidad madre, abierta y vacía, es una oportunidad para fundirse con el aspecto *dharmakaya* de nuestra propia naturaleza. En el *bardo* de *dharmata*, existe la posibilidad de fusionarse con las luces brillantes y las deidades pacíficas e iracundas. Estas apariciones energéticas son manifestaciones del aspecto *sambhogakaya* de nuestra propia naturaleza.

Por último, durante el *bardo* del devenir, nos encontramos con las apariencias oníricas del aspecto *nirmanakaya* de nuestra naturaleza. En esta etapa, ya no hay posibilidad de iluminación inmediata, pero podemos dirigirnos a lo que se denomina un reino puro. Asimismo, si nos hemos preparado bien durante esta vida, tendremos cierto control sobre dónde y en qué forma tendrá lugar nuestro próximo nacimiento.

20. Acceder al *bardo* del devenir

El libro tibetano de los muertos proclama que, si perdemos nuestra breve oportunidad de despertar durante el *bardo* de *dharmata*, nos sumiremos en la inconsciencia y despertaremos en el *bardo* del devenir, que, según se afirma, perdura un máximo de cuarenta y nueve días. La palabra «devenir» se refiere a la idea de que en este punto de nuestro viaje podemos convertirnos en cualquier cosa. Podemos renacer como cualquier tipo de ser vivo y en cualquier lugar donde existan seres. Este estado intermedio también se conoce como el «*bardo* kármico del devenir», puesto que nos vemos arrastrados irremisiblemente por nuestro karma. En otras palabras, nuestro rumbo estará determinado por todo aquello que hayamos hecho, dicho y pensado, y por las huellas que estas acciones hayan dejado en nuestra mente.

De nuevo, podemos suscribir o no la visión tibetana del mundo. Pero incluso desde el punto de vista de la vida presente, vemos cómo creamos de continuo nuestra realidad futura a través de las acciones de nuestro cuerpo, palabra y mente. Cada vez que nos dejamos llevar por nuestros *kleshas*, por ejemplo, arremetiendo contra alguien o menospreciándonos a nosotros mismos, reforzamos nuestros hábitos autodestructivos e intensificamos nuestra lucha contra la vida tal como es.

Este conflicto tiende a reflejarse en nuestro entorno. Cuando permitimos que nuestras tendencias dañinas nos dominen, nuestro mundo tiende a ser cada vez más desfavorable y, a veces, incluso hostil. En cambio, si trabajamos día a día –en la medida de nuestra capacidad actual– en conectar con nuestro corazón y abrir nuestra mente, nuestras situaciones externas y las personas con las que nos encontramos se volverán más amables y hospitalarias. De este modo, tanto si nos encontramos en medio de esta vida como si estamos en un intervalo entre vidas, siempre nos hallamos a merced del karma. Siempre estamos «llegando a ser». Como decía Trungpa Rinpoché: «El futuro está abierto».

Según las enseñanzas tradicionales, cuando penetramos en el *bardo* del devenir, nuestro cuerpo mental afronta experiencias que nos parecen tan reales como cuando soñamos. Durante el *bardo* de *dharmata*, experimentamos, aunque sea fugazmente, la verdadera naturaleza de la realidad más allá del filtro del ego. Pero en el *bardo* del devenir, retornan nuestros patrones habituales. Y, aunque nuestro mundo haya cambiado, volvemos al sentido habitual del yo, es decir, la sensación de «yo soy *yo*, este ser individual que es distinto de todo lo demás». En cierto modo, esto hace que las cosas nos resulten más familiares. Nos encontramos en un mundo que cobra sentido para nosotros, y lo más probable es que no tengamos ni idea de que hemos fallecido.

Al igual que sucede en nuestros sueños, vamos más allá de los límites de nuestro cuerpo físico. Aunque hayamos muerto a una edad avanzada y hayamos tenido un oído y una vista terribles, en ese momento todas nuestras facultades sensoriales funcionan correctamente. Por más que, al final de la vida, estuviéramos rígidos y débiles, nuestro cuerpo mental es ahora ligero y ágil.

También se afirma que, en este *bardo*, la consciencia es siete veces más clara que antes de morir. Podemos leer la mente de las personas que están vivas y escuchar lo que piensan sobre nosotros, algo que puede causarnos una profunda angustia. Por ejemplo, nuestros seres queridos se obsesionan con nuestro dinero y discuten entre ellos, diciendo cosas poco halagadoras sobre nuestra tacañería. También es posible que se peleen por ver quién se queda con qué y que desprecien nuestras preciadas posesiones. Tal vez se lleven algo que apreciábamos y lo tiren a la basura.

Por esta razón, se nos anima a desprendernos de nuestras posesiones antes de morir y a expresar claramente nuestros deseos mediante un testamento. Cuando muramos, cuantas menos cosas nos molesten, mejor. Cuanto más nos desprendamos en este momento de nuestras preferencias y apegos, tanto mejor.

Una amiga mía escribió una lista precisa de quién debía recibir cada una de sus cosas después de su muerte. Sin embargo, sin quererlo, dijo a dos personas diferentes que podían quedarse con su collar de perlas. Los sentimientos negativos que esto provocó fueron duros de presenciar. Me imaginé a mi amiga observando desde el *bardo* del devenir, angustiada por el modo en que sus planes, cuidadosamente trazados, habían fracasado.

Otra amiga estaba muy apegada a sus posesiones y trató de regalarlas antes de morir, pero descubrió que no era capaz de desprenderse de ellas. Después de su fallecimiento, el volumen de sus pertenencias era tan abrumador que sus amigos no pudieron afrontarlo, de manera que hicieron una gran hoguera y tiraron cajas y cajas de cosas. Había años y años de fotografías cuidadosamente etiquetadas que ahora no significaban nada para nadie y que terminaron en el fuego. La moraleja de la historia es que hay que «soltar todos los apegos a esta vida» mientras sea posible. De esta manera, habrá muchas menos cosas que nos perturben durante el *bardo*.

He expresado por escrito mi deseo de que haya silencio cuando esté muriendo. Pero hace poco se me ocurrió que, si me apego demasiado a este deseo, se convertirá en una receta para el desengaño. ¡La última cosa que quiero cuando muera es enfadarme porque hay demasiado ruido!

Se dice que en el *bardo* del devenir lo primero que hacemos es volver al lugar donde vivíamos. Vemos llorar a nuestros familiares y no sabemos por qué están llorando. Es muy confuso. Intentamos comunicarnos con ellos, pero no nos responden. Entonces nos damos cuenta de que ni siquiera se percatan de que estamos allí. *El libro tibetano de los muertos* señala que el dolor que sentimos es tan intenso como «el dolor de un pez retorciéndose sobre la cálida arena». Por eso, las enseñanzas nos indican que, cuando alguien que conocemos termina de fallecer, debemos seguir recordándole que ha fallecido. Hacerlo de ese modo aligerará su confusión y le ayudará a aceptar lo que ocurre. Podemos recordárselo cuando estemos junto a su cuerpo, o incluso más tarde y a distancia. A menos que alguien le diga que ha muerto, puede seguir durante mucho tiempo sin percatarse de ello.

Se afirma que la vida en el *bardo* del devenir es extremadamente inestable. Si pensamos en un lugar, aparecemos en él al instante. Pensamos en Brooklyn y nos encontramos de inmediato caminando por la calle en Brooklyn. Al momento siguiente pensamos en Kenia y nos hallamos en una casa en Kenia. En ocasiones, estas experiencias son agradables y otras no, pero la sensación general es de desorientación y agotamiento. Nunca tenemos oportunidad de descansar. A medida que transcurre el tiempo, cada vez tenemos más deseos de tener un cuerpo físico.

Dicen que este *bardo* es muy difuso, lo que para mí no deja de ser un pensamiento incómodo. Podemos ver a otros seres del *bardo* que han muerto más o menos al mismo tiempo que nosotros, pero solo nos comunicamos con ellos brevemente porque todos estamos en continuo movimiento. Si tenemos el patrón habitual de huir de cualquier cosa que nos moleste, entonces en este *bardo* estaremos huyendo constantemente. Aunque eso no forma parte de la tradición, a veces mantengo conversaciones con amigos que han fallecido. Lo hago durante los cuarenta y nueve días posteriores a su muerte, con la esperanza de ayudarlos a realizar una transición cómoda. El principal consejo que les doy es: «No corras. No corras. No hagas ningún movimiento rápido. Enfréntate a lo que te asusta». También es un buen consejo para la vida.

Algunos de los lectores recordarán la historia de mi libro *Cuando todo se derrumba* relacionada con Suzy, mi amiga de la infancia, y su pesadilla recurrente. Cuando teníamos unos diez años, soñaba todas las noches que la perseguían monstruos. Un día le pregunté cómo eran aquellos monstruos, pero no lo sabía porque estaba demasiado aterrorizada y siempre trataba de escapar. Al parecer, esta pregunta despertó su curiosidad y a la noche siguiente se armó de valor y se dio la vuelta. Temblando por completo, hizo lo impensable. Miró a los monstruos. Al principio, se precipitaron hacia ella, pero luego se desvanecieron. Y ese fue el final de sus pesadillas. Esta es una historia para recordar en el *bardo* del devenir.

Durante este *bardo*, sentimos que la atmósfera es a menudo amenazadora porque los distintos elementos tienden a aparecer como enemigos. Por ejemplo, cuando sentimos que el elemento aire es nuestro enemigo, hay huracanes y tornados. Si sentimos que el elemento tierra es hostil, se producen terremotos y corrimientos de tierra. El elemento agua puede provocar tsunamis e inundaciones. Esto nos lleva a un tema recurrente: el modo en que nos relacionamos con los acontecimientos aterradores en este momento será cómo nos relacionaremos con ellos en el *bardo* del devenir. Lo importante es contemplar esto: ¿nos ponemos nerviosos y perdemos nuestra disposición a cuidar de los demás o, por el contrario, nos inclinamos más a permanecer presentes, justo ahí con nuestros sentimientos y con la preocupación por lo que otros están experimentando?

Algunos libros sobre los *bardos* señalan, como se describe en muchas religiones del mundo, que tiene lugar una revisión de la vida y un juicio. Vemos todo lo que hemos hecho en nuestra vida, cada acción, correcta o incorrecta, importante o insignificante, halagadora o no. El juez no es otro que nuestra propia consciencia. En este estado, percibimos con claridad nuestras acciones y las motivaciones subyacentes, algo que puede resultar sumamente doloroso. En el caso de las monjas y los monjes, sometemos a examen nuestra vida cada día de luna nueva y luna llena en lo que se llama la ceremonia del *sojong*. La idea de esta ceremonia es reconocer, de la forma más completa y compasiva posible, todas las acciones de las que nos arrepentimos tanto de las últimas semanas como a lo largo de nuestra vida. De ese modo, después de la muerte, no habrá nada de lo que avergonzarnos, nada que no hayamos afrontado y soltado, nada que nos retenga.

Uno de los puntos en los que más se insiste en las enseñanzas del *bardo* es el poder de los pensamientos, tanto positivos como negativos. Dado que nuestra consciencia es mucho más aguda de lo habitual, un pensamiento positivo puede interrumpir el impulso de una experiencia dolorosa o aterradora y llevarnos de inmediato a un lugar mucho más agradable. Pero lo contrario también es cierto: un pensamiento negativo puede hundirnos de repente en las profundidades del sufrimiento. Esto es, por supuesto, tan importante ahora como en el *bardo* del devenir.

Por ese motivo, en mis conversaciones con amigos en el *bardo*, siempre les animo a pensar en positivo. En lugar de quejarse y sentir resentimiento –por ejemplo, sobre cómo están quemando sus queridas fotos–, los animo a pensar en las personas y los lugares que aman y en las cosas que les inspiran, y también los animo a abrir sus corazones a los demás.

Creamos o no que ese estado intermedio existe realmente, podemos aplicar y beneficiarnos de estas enseñanzas mientras estamos vivos. Aunque nuestros pensamientos ahora mismo no sean tan poderosos como se dice que son en el *bardo* del devenir, nunca debemos subestimar su tremendo poder para arrastrarnos.

Nuestra capacidad para interrumpir el impulso de los patrones negativos de pensamiento mejora enormemente gracias a la práctica de la meditación. He aprendido que esto es cierto por propia experiencia y también al hablar sobre meditación con muchos estudiantes a lo largo de los años. Cuanto más practicamos, más nos acostumbramos a estar presentes con los pensamientos, las emociones y las circunstancias que antes solían arrastrarnos. En lugar de seguir reaccionando únicamente basándonos en el hábito, desarrollamos gradualmente una cierta distancia con respecto a los acontecimientos apremiantes que tienen lugar en nuestra mente y en nuestras percepciones. Podemos adiestrarnos para captar nuestras emociones en una fase más temprana, antes de que las líneas argumentales entren en acción y conviertan nuestras pequeñas chispas y ascuas en llamas destructivas.

Para prepararnos para la ausencia de fundamento del *bardo* del devenir, lo mejor que podemos hacer ahora es trabajar en la ausencia de fundamento de esta vida, lo cual nos rendirá sus frutos durante la presente existencia, con independencia de lo que creamos que ocurra después de la muerte. Si aceptamos la cualidad transitoria e impredecible de las experiencias de nuestra mente, estaremos menos expuestos a vernos arrastrados como una pluma por el viento en cualquier situación caótica que encontremos. Si nos familiarizamos profundamente con las cualidades y el potencial de nuestra mente –lo sorprendente, maleable y dócil que es la mente–, disfrutaremos de mayor libertad de elección, ocurra lo que ocurra. Incluso si nuestra mente se vuelve muy veloz e inestable, como se afirma que ocurre en el *bardo* del devenir, podemos tener cierta capacidad para dirigirla de manera favorable.

En cualquier situación intensa o difícil que afrontemos en la vida, lo que nos sirve de ayuda no es entrar en pánico y escapar, sino estar lo más abiertos y presentes que sea posible. Esto siempre nos beneficiará a nosotros y a los que nos rodean. Lo mismo ocurre durante el *bardo* del devenir, momento en el que nuestra propia capacidad de estar presentes es la única estabilidad de la que dispondremos. Y, de nuevo, dicha capacidad depende de que la hayamos cultivado antes de morir.

Hace mucho tiempo, recuerdo haber oído una historia sobre dos monjes budistas que vivían en un templo de California. Se propusieron hacer un viaje, postrándose a lo largo de toda la Costa Oeste, desde Washington hasta el sur de California. Daban tres o cuatro pasos y luego se arrodillaban y tocaban el suelo con las manos y la frente. A continuación, se levantaban, daban unos cuantos pasos más y se volvían a postrar. Y así sucesivamente durante cientos y cientos de kilómetros.

La intención de los monjes era relacionarse con lo que ocurriera durante el viaje como una proyección de su propia mente y tratar de ver siempre su interconexión con todo lo que encontraran. Esta era la actitud abierta y valiente que aspiraban a mantener. Lo que ocurriera no estaba separado de ellos. No había división entre los monjes y su entorno. Gracias a sus estudios y prácticas, comprendían –al menos conceptualmente– que todo lo que surgía no estaba separado de su mente.

Los monjes emprendieron un viaje para cultivar la intrepidez, así como el amor y la compasión y un profundo sentido de interconexión. Su viaje era también un magnífico adiestramiento para el viaje por el *bardo*.

Al postrarse, los monjes honraban no solo al Buddha, sino a toda su experiencia, a cualquier cosa y a cualquier persona que vieran, incluidos ellos mismos. Probablemente vieron más asfalto y guijarros que otra cosa, pero no importaba: consideraban que todo era digno de postración.

Por último, su viaje los condujo por un barrio de Los Ángeles. Un grupo de jóvenes vio a estos hombres rapados y ataviados con túnicas comportándose de forma muy extraña y los rodearon. Empezaron a burlarse y a reírse de ellos, tratando de intimidarlos. Un joven cogió un trozo de metal afilado. Empezó a agitarlo delante de ellos de forma amenazadora, como si fuera un arma.

Uno de los monjes se asustó tanto que sus rodillas temblaban hasta el punto de que apenas podía mantenerse en pie. No sabía qué hacer. Entonces recordó el propósito de su viaje y la visión de la interconexión, de manera que se postró ante el joven portador del arma, viéndolo como algo que no estaba separado de él mismo.

En ese momento, todo se detuvo. El joven con el arma se quedó tan sorprendido al recibir la postración que él y sus amigos se apartaron y dejaron que los monjes siguieran. Probablemente, los monjes hicieron sus postraciones mucho más rápido hasta que se alejaron, pero me parece una historia increíble sobre lo diferente que responde el mundo cuando lo abrazamos en lugar de rechazarlo. Si podemos desarrollar esta actitud y llevarla con nosotros a los *bardos* y otras situaciones difíciles, nos haremos un gran favor.

Una vez que nos adentramos en el *bardo* del devenir, los textos dejan de hablar de oportunidades inmediatas para alcanzar el despertar completo, si bien la tradición declara que, en este punto, todavía puede suceder algo maravilloso. Podemos renacer en un reino puro. Esto tal vez suene a la idea cristiana del cielo o incluso a algo soñado por Walt Disney, pero según Trungpa Rinpoché, un reino puro es un lugar donde nosotros y todos los demás casi no tenemos *kleshas* y nuestras mentes se dirigen naturalmente hacia el despertar. Hay muchos reinos puros, más de los que yo conozco, que se adaptan a seres con diversos temperamentos y conexiones kármicas. Aunque cada uno de esos reinos tiene su propia atmósfera particular, cada uno también es propicio para desarrollar la sabiduría y la compasión.

En ocasiones, a los tibetanos les gusta discutir en qué reino puro les gustaría renacer. He oído que Dilgo Khyentse Rinpoché y su esposa Khandro Lhamo se enzarzaban en divertidos debates sobre esta cuestión. Su mujer decía que quería nacer en Sukhavati, el reino puro del buddha Amitabha, mientras que Rinpoché quería ir a la Montaña de Color de Cobre de Gurú Rinpoché y trataba de convencerla de que también aspirara a nacer en ese lugar. Su discípulo más cercano era su joven nieto, Rabjam Rinpoché, que a veces presenciaba estos debates y se ponía del lado de su abuela. Él también quería nacer en Sukhavati.

Pero cierta noche, Rabjam Rinpoché soñó que estaba en un avión con su abuelo. Khyentse Rinpoché le dijo: «¡Mira!». Y debajo de ellos se veía un hermoso y angelical lugar. Entonces añadió: «Eso es Sukhavati. Es el sitio de donde se sale». El chico preguntó entonces: «Pero

¿a dónde vas?». Khyentse Rinpoché señaló en la distancia un lugar en el que se veían truenos, relámpagos, terremotos y todo el infierno desatado. Respondió: «Voy allí, a la Montaña de Color de Cobre». Y entonces su nieto dijo: «Quiero ir donde tú vayas. Iré contigo».

En la tradición Mahayana del budismo, tomamos lo que se conoce como el «voto del *bodhisattva*». Se trata de la promesa de trabajar de todo corazón en nuestro camino espiritual para poder despertar completamente y ser de máximo beneficio para el resto de los seres. Una vez que alcanzamos la iluminación, en lugar de marcharnos y disfrutar de nuestra mente despierta en privado, la idea es seguir volviendo al mundo, una y otra vez, para ayudar a otros a liberarse del sufrimiento. Juramos hacerlo hasta que el samsara se vacíe por completo. Asumimos de buena gana, incluso con alegría, esta tarea aparentemente imposible. ¿Y por qué –tal vez nos preguntemos– alguien haría algo así? La respuesta me ha llegado lentamente a lo largo de muchos años de supuesto cumplimiento de este voto: cuando la compasión y el amor son incondicionales, lo único que tiene sentido es salvar a todos los que están en el barco sin dejar a nadie atrás.

En este contexto, renacer en un reino puro puede parecer que va en contra del voto del *bodhisattva*. Pero el objetivo de dirigirse a un reino puro es, en realidad, acelerar nuestro viaje espiritual para estar en mejores condiciones de beneficiar a los demás. Quizá ir a un reino puro sea parecido a emprender un retiro. En ambas situaciones las condiciones ambientales son propicias para un rápido progreso hacia el despertar. Sin embargo, cuando entramos en un retiro, no albergamos la idea de quedarnos en él para siempre, sino que tenemos la intención de volver a nuestra vida y utilizar lo que hemos aprendido por nuestro propio bien y por el de los demás. Y, cuando nuestra aspiración es ir a un reino puro, también tenemos esa misma intención.

En el *bardo* del devenir, la manera de renacer en un reino puro
–o de efectuar cualquier elección– es dirigir nuestros pensamientos
hacia el lugar donde queremos ir, y pedir apoyo si es necesario. Esto
no debe entenderse como pensar que alguien vendrá a rescatarnos.
La idea es más bien que pidamos el valor de permanecer presentes,
manteniendo nuestra mente y nuestro corazón abiertos, sin quedar
atrapados en viejos patrones habituales. En su comentario a *El libro
tibetano de los muertos*, Trungpa Rinpoché señala que pedir auxilio
en el *bardo* «no es una petición dirigida a una deidad externa», sino
un método para dirigir la mente, para despertar el deseo inherente
de la mente por la bondad. Es una forma positiva de aprovechar el
poder creciente de nuestra consciencia. Sin embargo, si nunca hemos
tenido durante esta vida la aspiración de renacer en un reino puro, no
es probable que lo hagamos por primera vez en el *bardo* onírico del
devenir. Por eso, los budistas de muchas tradiciones hacen aspiraciones diarias para renacer en un reino puro, donde disponen de mejores
oportunidades de seguir mejorando para beneficio de los demás.

Este es otro ejemplo de «tal como vivimos, morimos». No solo
nuestras tendencias neuróticas nos acompañan de una vida a otra,
sino que los hábitos positivos que hemos cultivado también permanecerán en nuestra corriente mental mientras sigamos reforzándolos.
Entonces estarán ahí para apoyarnos incluso cuando nos encontremos
en una situación, como el *bardo* del devenir, en la que estamos casi
desorientados por completo.

Dado que nunca sabemos cuándo vamos a morir o qué ocurrirá
después, es valioso cultivar patrones positivos de pensamiento de
forma intencional para que surtan efecto en el momento en que más
los necesitemos. Cuando Mahatma Gandhi fue asesinado, sus palabras
inmediatamente después de recibir el disparo fueron: «*Hey Ram, Hey*

Ram», una invocación hindú a Dios. Es poco probable que estas palabras se le hubieran ocurrido sin un entrenamiento previo para invocar
a Ram durante acontecimientos inesperados y angustiosos. Del mismo
modo, podemos entrenarnos en tener automáticamente pensamientos
positivos cuando ocurren experiencias impactantes o decepcionantes
de manera inesperada. Puede tratarse de cualquier acontecimiento,
grande o pequeño, ya sea que nos resbalemos con una cáscara de
plátano, que derramemos tinta en nuestra camisa blanca nueva o que
el médico nos diga que no nos queda mucho tiempo de vida.

Trungpa Rinpoché bromeaba diciendo que, si siempre decimos:
«¡Oh, mierda!» cada vez que nos ocurre algo impactante, «¡Mierda!»
podría terminar siendo el último pensamiento que tengamos en esta
existencia. Cuando llegamos a conocer nuestra mente con más precisión gracias a la meditación, vemos el poder que tiene cada pensamiento para crear un efecto dominó que puede influir poderosamente
en toda nuestra experiencia. Si no estamos en un estado mental claro
en el que seamos capaces de reconocer la naturaleza insustancial de
nuestros pensamientos, cada pensamiento nos llevará a otra cosa:
otro pensamiento, otra emoción, otra acción, más pensamientos, y
así sucesivamente. Así pues, si creemos que la consciencia prosigue
tras la muerte, nuestro último pensamiento en esta vida es muy importante, dado que tiene el poder de enviarnos en una determinada
dirección y sus efectos seguirán transmitiéndose como una onda a
través de los *bardos*.

Por esa razón, Trungpa Rinpoché recomendaba cambiar suave-
mente nuestra reacción habitual en momentos de asombro por algo
más abierto, como «¡Guau!» o «¡Hala!» Sería mucho mejor comenzar nuestra experiencia en el *bardo* con un sentimiento de asombro en
lugar de un sentimiento de rechazo o de pánico. Incluso si «Mier...»

ya ha salido de nuestra boca, podemos seguir diciendo: «¡Guau!»
Esto nos ayudará a entrenar nuestra mente con mejores hábitos y nos
dará al mismo tiempo un motivo para reírnos.

Me he estado entrenando para decir OM MANI PADME HUM en esos
momentos Este mantra, conocido como «Mani», invoca al *bodhisattva* que encarna la compasión: Avalokiteshvara en la tradición
tibetana, o Kwan Yin en la china. Recitar el Mani es una forma de
impregnar de compasión y amor nuestra situación y a todo aquel
en el que estemos pensando. Algunos tibetanos graban este mantra en
piedras o lo repiten millones de veces durante su vida para imprimir
la compasión en su mente y su corazón, de modo que siempre esté
disponible. Se transforma en el aire que respiran. En cierta ocasión,
cuando estaba de retiro, me encontré con un oso en el bosque al ano-
checer, lo cual detuvo mi mente. Me quedé mirando al oso y el oso
me miraba a mí, y entonces salí corriendo, gritando OM MANI PADME
HUM a todo pulmón. Si trabajamos en el desarrollo de la compasión
en esta vida, eso también nos servirá enormemente en el *bardo* del
devenir. Nos daremos cuenta de que innumerables personas están en
el mismo barco y comprenderemos el dolor que están padeciendo.
Estaremos menos preocupados por nosotros mismos y, por tanto, nos
sentiremos menos amenazados.

Nuestro corazón compasivo también puede ayudarnos a ver a
través de la cualidad onírica del *bardo* del devenir. Puede ayudarnos a despertar dentro del sueño. Por ejemplo, si el elemento agua
emerge como un enemigo y un maremoto viene hacia nosotros, la
compasión puede hacernos mirar a nuestro alrededor para ver si hay
alguien más a quien podamos salvar. De inmediato, no estaremos
tan atrapados en esa ilusión porque dejaremos de estar centrados
en nosotros mismos, en ese «yo» aparentemente real e inmutable.

En los *Jatakas*, la colección tradicional de historias sobre las vidas anteriores del Buddha, hay un relato que ilustra el poder que tiene un solo pensamiento compasivo. El futuro Buddha y otro hombre sufrían en una existencia infernal y eran obligados a empujar una enorme roca por una montaña empinada. Los guardias los azotaban hasta que llegaban a la cima y entonces la roca rodaba hacia abajo y los aplastaba. En ese momento, debían volver a empezar, y así una y otra vez. Durante toda esa experiencia, el futuro Buddha se consumía de ira por lo que le estaba ocurriendo, pero un día tuvo un pensamiento que interrumpió el ciclo de su ira. Se dio cuenta de que su compañero también estaba sufriendo y le dijo que descansara mientras él intentaba empujar la roca solo. Por supuesto, esto provocó a los guardias, que golpearon aún más al futuro Buddha, si bien ese único pensamiento compasivo le hizo salir de su mentalidad infernal, y a partir de entonces siempre nació en situaciones en las que le fue posible despertar cada vez más.

Nuestra sensación de existir como un yo separado y especial es la raíz de nuestros tormentos en la vida y en la muerte. Cuanto más capaces seamos de soltar nuestra fijación hacia este «yo» ilusorio durante esta vida, más nos liberaremos de esa fijación en el *bardo* del devenir. Cuanto más nos demos cuenta de la naturaleza onírica de nuestra vida en este momento, más posibilidades tendremos de percatarnos de que el *bardo* del devenir también es un sueño. Y cuando nos demos cuenta de que nos hallamos en un sueño, estaremos en condiciones de opinar acerca de a dónde queremos que nos conduzca ese sueño. Entonces podremos utilizar la claridad de nuestra mente en el *bardo* para hacer una elección inteligente y dirigirnos a un reino puro o un renacimiento favorable donde podamos beneficiar a otros seres.

21. Consejos del corazón

Nunca debemos subestimar el poder de la amabilidad, tanto en este mismo instante como cuando muramos. En particular, hay dos tipos de amabilidad que nos ablandan y nos convierten en seres más decentes y amorosos. Una es la amabilidad inherente a la bondad y de extendernos a los demás, pensando en ellos en lugar de permanecer completamente centrados en nosotros mismos. La otra es la amabilidad de la devoción: el amor a los maestros, a los que nos han mostrado la verdad. Ambas provienen del calor del corazón. Ambas hacen que nuestras vidas tengan un profundo sentido y ambas derriban las barreras que hay entre nosotros y los demás.

La calidez de la bondad hacia los demás es fácil de entender y, por lo general, no es controvertida. Puede que nos sintamos atrapados en nuestro propio viaje del ego, pero aun así queremos la cercanía con los demás. Queremos derribar esas barreras y sentir un flujo de ternura y cuidado. Aspiramos a despertar y hacer florecer el corazón compasivo de la *bodhichitta*.

Afortunadamente, para todos nosotros, ciertas enseñanzas y prácticas pueden ayudarnos a hacer precisamente eso. Una práctica como el *tonglen*, por ejemplo, favorece el florecimiento de la *bodhichitta*.*

Durante siglos, personas corrientes y confusas como nosotros se han sentido atraídas por estas enseñanzas y prácticas y han dedicado

---

* Para más prácticas relacionadas con la *bodhichitta*, véase *Los lugares que te asustan.*

tiempo y esfuerzo a convertirlas en parte orgánica de sus acciones, palabras y pensamientos. Con sus acciones, manifiestan preocupación y cuidado. Con sus palabras, expresan la no agresión y la apertura de corazón. Incluso sus mentes gravitan de forma natural hacia el beneficio de los demás. Han descubierto cualidades que siempre han estado ahí, cualidades que son nuestro derecho de nacimiento.

Aunque esta descripción, por supuesto, constituye un ideal, todos nosotros podemos avanzar en esta dirección a medida que crece nuestra genuina preocupación por el bienestar de los demás. Un número sorprendente de personas se entrenan exactamente así: caen con frecuencia, aprenden de sus errores y siguen adelante, paso a paso, centímetro a centímetro, para descubrir el calor de la *bodhichitta*.

En la medida en que nuestro corazón se abra durante la vida, en esa misma medida se abrirá en la muerte. De este modo, cuando pasemos por el *bardo* de la agonía y más allá, pensaremos automáticamente en los demás. En lugar de que nuestro corazón se contraiga en el *bardo*, se expandirá. Tal vez el miedo nos atrape y empecemos a replegarnos en nosotros mismos, pero entonces, gracias a nuestra práctica anterior, saldremos de forma natural del *bardo*. Miraremos a nuestro alrededor para ver quién está allí con nosotros y nos preguntaremos por lo que están pasando.

Dado que un estado mental positivo es sumamente importante en la muerte y en los *bardos*, esta apertura de corazón hacia los demás hará que el viaje sea pacífico y positivo, proporcionando las causas y condiciones perfectas para el despertar en cualquier momento de la etapa intermedia entre la muerte y el nacimiento.

A diferencia de la calidez de la amabilidad, la calidez de la devoción hacia un maestro puede ser sorprendentemente difícil, para muchos de nosotros, incluso de considerar, y mucho menos de abrazar.

Para algunos, la mera palabra «devoción» resulta inquietante, sobre todo cuando se relaciona con los maestros espirituales. Esto se debe a que, en los tiempos modernos, demasiados maestros han perjudicado a sus discípulos traicionando su confianza. Sin embargo, créame el lector si le digo que la devoción hacia un maestro genuino, que solo se preocupa por nuestro beneficio, es mágica. Citando a Dzogchen Ponlop Rinpoché, diremos que es «una llave que abre la puerta a las experiencias más profundas de la mente».*

En ocasiones, tenemos la suerte de entablar relación con personas que parecen vivir de manera plena en el conocimiento, personas que resuenan profundamente con la apertura de nuestro propio ser. He conocido a suficientes individuos de este tipo como para saber que incluso el hecho de pensar en ellos me conecta con la consciencia abierta, con la naturaleza despierta que, si bien está disponible para todos, es reconocida por relativamente pocos.

Este reconocimiento de nuestra naturaleza es algo precioso y milagroso. Como he escuchado a menudo, lo que buscamos ya nos pertenece. En última instancia, solo hay un maestro: la verdadera naturaleza de la mente. Cuando conecto con esta idea, siento que conecto con mi potencial más profundo. Por eso experimento una gratitud inmensa hacia todos los maestros que me han introducido a la naturaleza de la mente y la sacralidad del mundo y sus seres. La verdadera devoción, en mi opinión, es la receptividad de corazón abierto a las cosas tal como son.

Cuando me encontré con el oso en el bosque y empecé a cantar OM MANI PADME HUM, no invocaba a una deidad externa para que me

---

*   Para profundizar en este tema, véase *Abrazar lo inabrazable*, capítulo 19: «Aprender de nuestros maestros».

salvase, sino que trataba de establecer una conexión con las bendiciones compasivas que siempre están disponibles tanto para aquel oso como para mí. Así pues, ya sea en el presente o cuando fallezca, sé que invocar a mis maestros o a figuras de sabiduría como Kwan Yin o Avalokiteshvara significa en realidad abrirme a una fuente de bendiciones inseparable de mi propia naturaleza básica. Significa abrirme a esa parte de mi naturaleza que está más allá de las tendencias, o *kleshas*, o de cualquier estilo de egocentrismo.

Se trata, sin duda, de una experiencia sincera de sublime conexión. Para mí es una experiencia de devoción. Aunque esta devoción no es adoración absurda ni la idealización de una persona concreta, está relacionada con el recuerdo de determinados maestros y de lo que me han enseñado. Cuando caminé encima de la tabla en el experimento de realidad virtual, fue la devoción la que me permitió «saltar». Tras un periodo de terror, pensé en Trungpa Rinpoché y oí su inconfundible y aguda voz decir: «Puedes hacerlo». Eso fue todo lo que necesité para conectar con mi valor innato.

Tanto en este momento como en el *bardo*, sé que la amabilidad es la clave. Pensando en el bienestar de los demás y abriendo mi corazón a las bendiciones de mis maestros, deposito mi confianza en estos dos maravillosos métodos.

22. Los seis reinos

A menos que nos dirijamos a un reino puro, una vez que entremos en el *bardo* del devenir, estaremos en camino de adquirir otro nacimiento en el samsara, el aparentemente interminable ciclo de nacimientos y muertes. Al igual que sucede en el *bardo* de *dharmata*, aparecerán luces acogedoras, suaves y seductoras de diferentes colores. Sin embargo, si no hemos desarrollado la fuerza y el valor necesarios para evitar su atracción, estas luces nos atraerán de nuevo a uno de los reinos de la existencia samsárica.

Llevamos atrapados en el samsara más tiempo del que podemos recordar, más tiempo del que nadie es capaz de recordar. Según la metáfora clásica, un ser vivo en el samsara es como una abeja atrapada en un tarro. La abeja zumba arriba y abajo, yendo de la parte superior del tarro a la inferior y viceversa, pero nunca puede salir y volar al aire libre. Del mismo modo, en el samsara, subimos y bajamos –de vidas felices a vidas miserables y viceversa–, pero seguimos atrapados en este ciclo. Y, aunque hay algunos nacimientos bastante buenos en el samsara, en términos generales este ciclo contiene mucha más insatisfacción que alegría.

En las enseñanzas tradicionales, el samsara se divide en seis reinos que suelen enumerarse en un orden que va de lo más doloroso a lo más placentero: reino del infierno, reino de los fantasmas hambrientos, reino animal, reino humano, el reino de los dioses celosos y reino de los dioses. Son seis categorías de experiencia de la vida que ocurre en el interior del frasco. Sin embargo, el Buddha expuso, en sus primeras enseñanzas, que hay una forma de salir por completo del samsara. Con el tiempo, todos podremos hacerlo, nos liberaremos de esos reinos y disfrutaremos del aire libre del despertar. Como escuché decir en cierta ocasión a Dzigar Kongtrul Rinpoché: «Está garantizado que sucederá tarde o temprano».*

Las enseñanzas tradicionales hablan de estos reinos como si fuesen emplazamientos literales, tan reales como el entorno familiar en el que nos encontramos en la actualidad. Sin embargo, Trungpa Rinpoché presentaba dichos reinos como estados psicológicos. Comprendía que a muchas personas en Occidente les desagrada hablar de la otra vida, sobre todo si durante su educación se les ha amenazado con diversos tipos de infierno. Yo mismo no estaba muy abierta a contemplar los reinos hasta que escuché las enseñanzas de Trungpa Rinpoché. En lugar de hablar de ellos como lugares físicos reales que podíamos encontrar en una especie de mapa cósmico, enseñaba que estos reinos eran proyecciones de nuestras propias emociones reactivas. La frase que utilizaba para describirlos era «estilos de aprisionamiento».

La idea es que, cuando somos presa de una emoción poderosa, ese *klesha* es el que nos dirige a nosotros y a nuestro mundo, determinando nuestro estado de ánimo y la forma en que se nos aparece el entorno. Nos sentimos atrapados en un reino entero creado por el *klesha*. Lo experimentamos en nuestro día a día. Una y otra vez, nos encontramos en un lugar habitual de emoción dolorosa. No sabemos cómo hemos llegado hasta ahí y no sabemos cómo salir. Pero nos resulta muy familiar.

---

* En el apéndice C, en la página 203, hay una ilustración de los seis reinos del samsara.

El infierno es el reino de la ira y la agresión. Las enseñanzas tradicionales refieren distintos tipos de infiernos, pero la mayoría de ellos se subdividen en dos categorías: calientes y fríos. En los infiernos calientes, la idea básica es que todo está en llamas y no se puede escapar del fuego. En cambio, en los infiernos fríos, todo es gélido. Estamos desnudos y congelados y, en nuestra piel resquebrajada, aparecen todo tipo de grietas espantosas. Pero, con independencia de la versión del infierno en la que nos encontremos, una de sus principales características es que parece durar para siempre.

Algunas personas sienten que una mente enfurecida es como el fuego; para otras, en cambio, se parece más al hielo. En cualquier caso, nos sentimos atrapados por su intensidad. Cuando estamos en las garras de la ira, la única forma de escapar parece ser actuando. Sin embargo, en lugar de aliviarnos, nuestra agresividad solo prolonga y amplifica el tormento, haciendo que el calor o el frío sean más intensos. Sentimos claustrofobia y desesperación. Por eso, puede parecernos que el tormento de la ira dura una eternidad; sentimos que es una trampa de la que no hay escapatoria, aunque también se dice que en los infiernos hay seres compasivos que intentan prestar ayuda. En los infiernos calientes, ofrecen agua; en los infiernos fríos, ofrecen fuego para calentarnos. No obstante, estamos tan convencidos de que todos están en contra nuestra que rechazamos su ayuda.

Es fácil ver cómo esto se aplica incluso a la relativa comodidad de nuestro mundo humano ordinario. Mi querido amigo Jarvis Masters ha estado en prisión más años de los que ha estado en libertad. Durante ese tiempo, ha sido testigo de muchas personas en el infierno. En la cárcel, el sufrimiento derivado de la agresividad y la desesperación es inmenso. Lo que él intentaba hacer, además de extender su amistad, era convencer a sus hermanos de que no incrementasen su dolor atacando a otros reclusos o a los guardias. Intentaba mostrarles que no tomar represalias daría mejores resultados y disminuiría el sufrimiento que sentían. Según cuenta, algunos reclusos le escuchaban y creían que lo que decía tenía sentido, pero muy pocos rompían su viejo hábito de querer vengarse. Muy pocos eran capaces de abstenerse de tener esos pensamientos y obrar en consecuencia.

Por su parte, las descripciones de los seres que habitan en el reino de los fantasmas hambrientos son bastante grotescas. Algunos tienen un enorme vientre vacío, pero su boca es del tamaño de un punto y su garganta tan fina como un cabello. Siempre están hambrientos, pero nunca pueden ingerir suficiente comida para saciarse. Tradicionalmente, la emoción con la que se relaciona este dominio es la codicia, pero el término empleado por Trungpa Rinpoché era «mentalidad de pobreza». Se trata de un sentimiento de necesidad que nunca puede verse satisfecho. Nadie nos quiere lo suficiente, nunca hay suficiente de nada, siempre nos quedamos al margen. Constantemente sentimos que estamos muriendo de hambre. Todo lo que sucede nos hace sentir deficientes, como perdedores.

El reino animal está asociado al *klesha* de la ignorancia. Sin embargo, la palabra «ignorancia» puede resultar engañosa, porque uno podría confundirla con la estupidez. A su manera, los animales son muy inteligentes. A menudo pienso en la vez que me pasé una semana intentando burlar a una ardilla que se estaba comiendo todas las semillas de mi comedero para pájaros. Intenté todo lo que se me ocurrió. Encontré lugares para colgar el comedero que pensé que eran imposibles de alcanzar para la ardilla. Pero la ardilla siempre fue más astuta que yo.

No obstante, aunque los animales suelen ser muy inteligentes en su propia esfera, en su mayor parte no tienen mentes flexibles.

Aunque la ardilla puede ser muy astuta para robar semillas, no tendría ni idea de cómo sobrevivir en un entorno desconocido. Cuando las cosas se tornan impredecibles, cuando su rutina se interrumpe, los seres del reino animal se quedan desconcertados e indefensos.

El «reino animal» no significa necesariamente ser un animal propiamente dicho, sino que, más bien, tiene que ver con una determinada mentalidad que resulta muy familiar a muchos seres humanos. En lugar de «ignorancia», prefiero pensar en ello como «hacer caso omiso». Cuando estamos fuera de la esfera en la que funcionamos bien, nos sentimos ansiosos y nos molesta que nos desafíen. Pero, en lugar de entrar en una emoción como la ira, lidiamos con nuestra ansiedad tratando de ignorarla. Hacemos como si no pasara nada. Bloqueamos la situación navegando por internet, jugando al solitario o haciendo cosas absurdas. La frase que resume esta mentalidad es: «Solo intento seguir adelante». Solo estamos dispuestos a actuar dentro de nuestra esfera de confianza y no queremos que nos molesten con nada más. Es una especie de mentalidad a la que solo le interesa el orden establecido.

Los reinos del infierno, de los fantasmas hambrientos y de los animales se denominan «reinos inferiores» porque en ellos el sufrimiento es muy intenso. Esto es obvio en las descripciones de los reinos del infierno y de los fantasmas hambrientos, pero quizá no lo sea tanto en el caso de muchos de los animales que observamos. Los animales domésticos más queridos, por ejemplo, parecen tener vidas agradables y confortables. Pero, en general, los animales pasan gran parte de su tiempo sintiendo miedo. No saben realmente qué amenazas deben afrontar o quién puede estar observándolos para comérselos, de manera que viven en un estado de miedo constante. Esto se puede ver en todo tipo de animales: en la tierra, en el aire y en el mar. Esos dulces pajaritos que comen de nuestra mano no se limitan a coger la comida, sino que miran nerviosamente a su alrededor para asegurarse de que nada les va a atrapar a ellos.

El reino humano es más favorable que los reinos inferiores porque el sufrimiento no es implacable y el dolor se alterna con el placer. En el reino de los fantasmas hambrientos, queremos, queremos y queremos, pero nunca conseguimos nada. En el reino humano, también queremos la mayor parte del tiempo, pero a veces lo conseguimos. Lo conseguimos con la suficiente frecuencia como para que parezca que podríamos encontrar la manera de lograr lo que deseamos en todo momento. Esto establece la mentalidad predominante del reino humano: esperamos tener únicamente placer y eludir el dolor. Tenemos este deseo constante e ingenuo de poder detener la alternancia de alguna manera.

Pasamos nuestro tiempo intentando estar con la gente que nos gusta y evitando a las personas que nos desagradan; intentando involucrarnos en situaciones cómodas y agradables y evitando las incómodas y desagradables; intentando aferrarnos a cualquier placer que obtengamos y tratando de mantener a raya el dolor. El pensamiento que pasa de continuo por nuestra mente es: «Si pudiera tener [rellenar el espacio en blanco], entonces sería feliz». El principal *klesha* que experimentamos es el apego. El principal sufrimiento en este reino se deriva de que aceptamos la alternancia de placer y dolor. Y, en su lugar, tendemos a obsesionarnos con tratar de alcanzar o mantener la comodidad.

En el reino de los dioses celosos, la balanza se inclina más hacia el placer que hacia el dolor. Los dioses celosos han alcanzado el éxito y disfrutan de buenas condiciones. Parece que no debería haber nada de lo que quejarse. Sin embargo, los dioses celosos sufren una inseguridad muy profunda. Se repiten de continuo: «Soy el mejor», pero en el fondo sienten que no son realmente los mejores. Así pues, siempre están mirando a su alrededor y comparándose con los demás. Quieren estar en la élite, entre la gente más guapa y poderosa. Pero incluso si consiguen entrar en ese grupo, siguen sintiéndose insatisfechos. Quieren entonces ser la élite de la élite. Esto es algo que nunca se detiene. Siempre tienen que demostrar que son mejores que los otros. Con esa mentalidad, desarrollan una coraza alrededor de su corazón, que les impide conectar con los demás.

Al igual que ocurre con los fantasmas hambrientos, los dioses celosos siempre quieren más. La principal diferencia entre ellos es que los dioses celosos ya tienen muchas cosas. Pero, en lugar de disfrutar de su buena fortuna, viven en la competitividad, la rivalidad, el afán de superación y la paranoia. Un ejemplo en nuestro mundo podría ser el dirigente de una gran empresa o de un país poderoso. Algunas de estas personas suelen hallarse en un estado paranoico, mirando constantemente a su alrededor para ver qué otra empresa o nación podría estar ganando poder o estatus. Dedican gran parte de su energía a tratar de asegurarse de que nadie más los supere.

Por encima de los dioses celosos están los dioses, que experimentan un placer puro e ininterrumpido. Disfrutan de lujos, comodidades, salud, riqueza, entretenimiento y todo lo que uno pueda desear o necesitar. No solo piensan «Soy el mejor», sino que saben que son los mejores. En este caso, el *klesha* principal es el orgullo. Tuve alguna experiencia del reino de los dioses cuando me encontraba en la escuela secundaria. Fui a un internado femenino donde la mayoría de las chicas eran muy ricas. En ocasiones, visitaba sus casas durante las vacaciones escolares y conocía a sus familias. Estaban tan seguras de su posición y de su forma de pensar que nunca se les pasaba por la cabeza que hubiera otras formas de vivir que también eran buenas. No tenían la menor duda de que su gusto era el gusto perfecto. También tenían una política excelente: practicaban la caridad, hacían cosas para ayudar a la gente y no despreciaban a nadie. Pero al mismo tiempo, daban por sentado que su manera de hacer las cosas era la mejor, la única en realidad. Me encantaba esa escuela y todavía tengo amigas muy queridas de esa época, mujeres inteligentes que han hecho cosas realmente buenas con sus vidas. Pero, cuando miro atrás, puedo ver las limitaciones de la mentalidad del reino de los dioses.

En las descripciones tradicionales, los dioses viven una vida extremadamente larga sin ningún tipo de sufrimiento. Esto se prolonga tanto tiempo que parece que no va a terminar nunca. Dan por sentado que permanecerán en este estado perfecto para siempre. Pero, como sabemos, todo toca a su fin. En algún momento, los dioses empiezan a mostrar signos de decadencia. Por vez primera, se dan cuenta de que su vida como dios es finita. Se dice que el dolor que conlleva percatarse de que se dirigirán a un reino inferior es tan grande que rivaliza con los sufrimientos de los infiernos.

Trungpa Rinpoché hablaba a menudo de cómo a través de la práctica espiritual se puede entrar fácilmente en la mentalidad del reino de los dioses. Podemos aspirar –e incluso alcanzar– un estado de felicidad en el que todo y todos nos parecen hermosos y donde las cosas son como deben ser. Pero esto es solo una experiencia provisional, aislada de la realidad. Perdemos el contacto con el hecho de que mucha gente está sufriendo. La crudeza de la vida no nos parece real, de modo que otras personas que experimentan esa crudeza están fuera de nuestro marco de referencia. De este modo, la práctica se convierte en una forma de eludir la realidad y no en una forma de despertar.

Cada tipo de mentalidad asociada a los diferentes reinos constituye un estado mental transitorio. Podemos tender a residir de modo semipermanente en uno o dos estados psicológicos con más frecuencia que en los demás, pero no estamos condenados a ser prisioneros de esos estados mentales. Por muy fuertes que sean nuestras tendencias de dios celoso, por ejemplo, esas emociones y hábitos mentales no son tan sólidos e inmutables como suelen parecernos.

Lo principal que nos mantiene atrapados en la experiencia de cualquier reino –ya sea infernal, divino o cualquier otro– es nuestra falta de consciencia. Por lo tanto, el primer paso para salir de un determinado reino es ser conscientes de que estamos en él. Por ejemplo, si nos hallamos en un estado de ánimo infernal y creemos que todo y todos están en contra de nosotros, nuestro comportamiento inconsciente por defecto es culpar a los demás. La culpa es de las personas que nos traen la comida equivocada, o de los que abren las ventanas cuando deberían estar cerradas, o de los que toman lo que nos pertenece. Siempre son los demás, las condiciones externas. Es casi como si no tuviéramos más remedio que enfurecernos.

Sin embargo, una vez que cobramos consciencia, ya estamos en camino de salir de ese reino. Tal vez no nos lo parezca de inmediato: nuestra consciencia suele intensificar la emoción al principio. Sin embargo, cuando empezamos a prestar atención a cómo sentimos realmente la ira (o la mentalidad de pobreza o la ignorancia), empezamos a encontrar recursos internos. Cualquiera de las formas que hemos discutido sobre el trabajo con los *kleshas* –reforzándolos, transformándolos y utilizándolos como un camino– sirve para sacarnos del estado psicológico en el que nos sentimos atrapados, ayudándonos a ver que más allá de nuestra agitación emocional y de nuestras historias hay espacio. Al principio, solo lo percibimos en las pausas y los espacios, pero con el tiempo, a medida que seguimos practicando, se amplía nuestra experiencia de dichos espacios. El corazón y la mente del practicante se expanden de continuo.

Cuando nos volvemos más capaces de salir de nuestros reinos, empezamos a ver estos estilos de aprisionamiento de una manera más ligera, menos sólida. A menudo nos identificamos con nuestro *klesha* predominante: «Soy una persona colérica», «Soy una persona celosa», etcétera. Hacemos lo mismo con los demás: «Él es codicioso», «Ella es arrogante». Pero nadie es de una manera y solo de una manera. Nuestras situaciones son mucho, mucho más fluidas que todo eso.

El hecho de ver que nuestras experiencias emocionales son estados temporales nos ayuda a entender que no son nuestra verdadera identidad. Por el contrario, se convierten en la evidencia de que, en realidad, carecemos de una identidad verdadera inalterable. Nuestra verdadera naturaleza está más allá de cualquier ámbito. Cuando nos damos plena cuenta de ello, se abre la tapa del tarro y la abeja vuela libre.

23. Elegir nuestro próximo nacimiento

¿Son los seis reinos del samsara lugares reales o, más bien, estados psicológicos? Esta pregunta suscita de inmediato una reflexión interesante. ¿Existe realmente alguna diferencia entre hallarse en un estado psicológico o estar en un lugar real? Por ejemplo, ¿hay alguna diferencia significativa entre pensar y sentir que se está en el infierno y estar «realmente» en el infierno? ¿Es una cosa mejor que la otra? ¿O ambas son igual de terribles?

Digamos que dos personas están sentadas juntas en la misma habitación. Parece que ven, oyen y huelen lo mismo. Sin embargo, una de ellas está preocupada por algo que puede ocurrir mañana, mientras que la otra no deja de recordar algo bueno que ha ocurrido ayer. Una tiene un gran sentido del olfato, mientras que la otra tiene la nariz tapada. Una piensa que el mundo está en su contra, lo que parece confirmarse con cada experiencia, mientras que la otra cree que las cosas van a ir cada vez mejor, algo que también parece confirmarse con cada experiencia. Cuanto más analizamos la situación, más nos damos cuenta de que estas dos personas, sentadas en la misma habitación, tienen experiencias radicalmente diferentes.

Lo anterior nos brinda una idea de hasta qué punto la «realidad» es una proyección de nuestra propia mente. Aunque el mundo exterior parezca ser una realidad objetiva con la que todos parecen estar de acuerdo, cada individuo vive su propio sueño privado. De hecho, podríamos preguntarnos: «¿En qué se diferencia de un sueño mi experiencia actual?»; o más en concreto: «¿Cómo sé que no estoy soñando ahora mismo?».

También se afirma que el *bardo* del devenir es como un sueño. Así pues, en cierto sentido, cuando atravesamos el *bardo* del devenir camino de nuestro siguiente nacimiento en uno de los seis reinos, ¿no estamos simplemente pasando de un sueño a otro? ¿No es todo el ciclo de vida y muerte, de vida y muerte, como un sueño interminable? Son preguntas inquietantes sobre las que creo que merece la pena que reflexionemos.

Para explorar esta idea de manera más directa, me gusta hacer la siguiente práctica. Elegimos una o varias cosas que hagamos regularmente en nuestra vida cotidiana. Tal vez sea lavarnos los dientes, fregar los platos o conducir por una determinada carretera, o quizá sea algo que vemos o escuchamos con regularidad: una señal determinada, la puerta de nuestro apartamento, el sonido del teléfono. Entonces, cada vez que hagamos o veamos esa cosa, hacemos una pausa y decimos: «Esto es un sueño en el que estoy despierto». Se trata de una pequeña contemplación, que hacemos brevemente. Asimilamos durante unos instantes el mensaje y luego seguimos con lo que estábamos haciendo.

Podemos decirlo de diferentes maneras: «Esto es como un sueño» o «¿Es esto un sueño?». Si persistimos en efectuar esta práctica cada vez que nos encontremos en esa situación, poco a poco nos acostumbraremos a cuestionar la solidez de nuestra experiencia. He descubierto que, cuando hago esta práctica con frecuencia, empiezan a difuminarse los límites entre vigilia y sueño. Con el tiempo, la práctica puede influir en nuestros sueños, de modo que, de vez en cuando, podemos despertar en el sueño y ser conscientes de que todo lo que estamos percibiendo es irreal. Sabremos que estamos soñando y que todo lo que percibimos es una proyección de nuestra propia mente. En el mejor de los casos, esto se trasladará al *bardo* del devenir, cuando nos será muy útil tener esa perspectiva en medio de tanta velocidad y caos.

Cuanto más efectúo estas prácticas y contemplaciones, menos segura estoy de la distinción entre realidad y sueño, y entre estados psicológicos y lugares reales. Al mismo tiempo, con independencia de las palabras que utilicemos, todas nuestras experiencias nos parecen completamente reales e importantes. Esta es nuestra realidad, el reino en el que vivimos.

Todos los seres experimentan esto, pero muy pocos –ningún animal, por ejemplo– tienen acceso a las enseñanzas que pueden ayudarles a despertar del sueño, a despertar de su estilo particular de aprisionamiento. Los humanos, en cambio, tenemos esta posibilidad. Con independencia de lo que pensemos que sucederá tanto en el futuro como después de nuestra muerte, si aprovechamos estas enseñanzas en el presente, nos estaremos haciendo un gran favor a nosotros mismos y a muchos otros.

Según la tradición, el *bardo* del devenir es el estado intermedio en el que elegimos nuestro próximo renacimiento. Pero aquí utilizo la palabra «elegir» en un sentido muy amplio. Cuando soñamos, ¿tenemos capacidad para elegir adónde nos dirigimos y adónde llegaremos? Por lo general, en nuestros sueños las cosas simplemente suceden, y reaccionamos según nuestros patrones habituales. Sin embargo, hay momentos en los que no nos dejamos arrastrar por la historia de nuestro sueño y nos damos cuenta de repente de que tenemos una opción: ser conscientes o seguir dormidos.

Según se afirma, en el *bardo* onírico del devenir, la atracción del karma es tan fuerte que por lo general sentimos como si no tuviéramos opciones. La mayoría de los seres son simplemente arrastrados hacia su siguiente renacimiento en función de sus tendencias. Las enseñanzas declaran que nos sentimos atraídos por luces tenues que nos arrastran hacia el renacimiento en uno de los seis reinos: el que sea la continuación más natural de la mentalidad y las tendencias de nuestra vida pasada. Pero, si tenemos algún conocimiento previo del *bardo* del devenir, podríamos encontrarnos reconociendo lo que está pasando y siendo capaces de llevar a cabo una elección. Podríamos recordar que las luces tenues y reconfortantes que parecen tan acogedoras nos conducirán a los reinos inferiores y ser capaces de abstenernos de seguir en esa dirección.

Trungpa Rinpoché hablaba de entrenarse para los *bardos* aprovechando esos momentos de nuestra vida en los que nos tambaleamos en el «umbral de la magia». Estos son los momentos en los que podemos elegir entre acoger lo desconocido o volvernos hacia lo familiar, es decir, elegir entre abrirnos a lo desconocido o cerrarnos en nuestro comportamiento habitual.

Ahora mismo, debido a nuestra orientación hacia la comodidad, tendemos a elegir nuestro comportamiento habitual, incluso cuando estamos bastante seguros de que tendrá consecuencias nefastas. Sin embargo, ciertamente no estamos destinados a efectuar siempre una mala elección. Comer toda la caja de bombones o beber toda la botella de vino puede reconfortarnos de entrada, pero nos damos cuenta por experiencia de que, tras la gratificación instantánea, nos sentiremos mal mental y físicamente. Si insistimos en nuestra conducta repetitiva, que nos resulta tan cómoda, tenemos garantizado un resultado doloroso. Pero si dejamos pasar la seductora atracción del hábito –por más difícil que esto resulte–, lo que hagamos en su lugar siempre dará un mejor resultado.

En el *bardo* del devenir, las luces tenues empiezan a aparecer después de que hemos estado vagando durante algún tiempo, siendo arrastrados de aquí para allá por nuestro karma. En ese momento, el ser del *bardo*, agotado y desesperado por alcanzar alguna forma de estabilidad, anhela un cuerpo físico. Llevamos tanto tiempo fuera de nuestra zona de confort que es difícil resistirse a cualquier cosa que parezca aportarnos familiaridad, seguridad y estabilidad. Trungpa Rinpoché comparaba ese estado mental con el de una persona que lleva mucho tiempo viviendo en la calle y se siente desesperada por conseguir un apartamento e instalarse en él.

A menos que aspiremos a nacer en un reino puro y dirijamos nuestros pensamientos hacia él durante este *bardo*, ahora nos toca nacer de nuevo en el samsara. Pero aún no es demasiado tarde para evitar dejarnos llevar por la fuerza de nuestros hábitos inconscientes y terminar perdiéndonos en los reinos inferiores. De nuevo, es cuestión de saber hacia dónde dirigir nuestros pensamientos. La pregunta entonces es, si podemos elegir un reino samsárico para renacer, ¿cuál debería ser este? Yo, por mi parte, no elegiría nacer en el reino de los dioses, aunque el placer ininterrumpido que caracteriza a ese reino es algo con lo que generalmente fantaseamos los seres humanos. El reino de los dioses –ya sea el lugar real o el estado psicológico– parece tener todas las cosas buenas de la vida y ninguna de las malas. Pero si nuestro objetivo es salir del samsara por completo, un nivel de privilegio tan alto no resulta demasiado útil. El placer omnipresente de los dioses los mantiene fuera de contacto con las dificultades que atraviesan otras personas y animales. Por eso, en ocasiones, se lo define como el lujo del olvido. En ese estado, es difícil sentir demasiada compasión o estar motivado para cambiar. Por esta razón, el reino de los dioses tiende a ser un lugar de estancamiento.

El reino de los dioses celosos es menos agradable que el reino de los dioses, y ciertamente no es mejor porque los dioses celosos tampoco son demasiado conscientes. Solo los *bodhisattvas* avanzados elegirían nacer en los reinos inferiores, donde el sufrimiento es tan intenso y continuo que no parece haber ninguna brecha. Los seres que se hallan en estos estados están tan consumidos en su propio dolor, malestar y miedo que no tienen capacidad para mirar las causas más profundas de su sufrimiento y dar los pasos necesarios para encontrar su camino de salida de dicho sistema. Toda su atención se centra en el doloroso momento presente.

Cuando pienso en las ventajas y perjuicios de cada reino de esta manera, veo que el reino ideal para nacer es en el que me hallo ahora mismo, es decir, nuestra preciosa vida humana, con todos sus altibajos, esperanzas y decepciones, momentos de claridad y momentos de confusión. Por supuesto, no todas las vidas humanas son de ese modo. Algunas personas viven en un olvido divino, otras en una celosa competitividad, y muchas más experimentan demasiado sufrimiento como para tener suficiente espacio mental para seguir un camino espiritual. Hay innumerables personas que viven en lugares o situaciones tan plagadas de dificultades que no pueden permitirse el lujo de desviar su atención del mundo exterior y depositar su esfuerzo en la transformación interior.

No obstante, si estamos leyendo este libro, es probable que no nos encontremos en ninguna de estas situaciones. Nuestra vida nos infunde el suficiente dolor para estimularnos a buscar respuestas y el suficiente consuelo para procurarnos un poco de alivio. En términos de crecimiento espiritual, el reino humano funciona a la perfección: la alternancia entre felicidad y sufrimiento es el equilibrio perfecto para proporcionar un terreno fértil para el despertar. Así pues, si debemos renacer en el samsara, una vida similar a la que tenemos ahora es un buen objetivo. En realidad, hay muchas posibilidades de que nuestra próxima vida sea mejor que esta. Dado que lo único que se transmite de una vida a la siguiente son nuestras tendencias, los hábitos positivos que cultivemos en el momento presente pasarán a nuestra próxima vida y beneficiarán al nuevo «yo».

Si nuestro objetivo es despertar nuestro potencial completo para poder ayudarnos a nosotros mismos y a los demás a liberarnos de la confusión y disfrutar plenamente de nuestro corazón abierto y de nuestra mente clara como-el-cielo, entonces el lugar ideal para estar es justo aquí, en el viejo reino humano.

Una de las principales ventajas del reino humano es que nos proporciona una perspectiva de los demás reinos y del samsara en su conjunto. Gracias a nuestras diversas experiencias de dolor y placer, así como a nuestra capacidad de imaginar, tenemos una mayor percepción de lo que experimentan otros seres. Cuando somos felices, sabemos lo que se siente al serlo y podemos deleitarnos con la alegría y la buena fortuna de los demás. Y cuando experimentamos la inevitable alternancia del reino humano y nos llega el momento de afrontar dificultades, nuestro malestar se convierte en una valiosa herramienta de crecimiento.

Nuestro dolor se transforma en una ventana al dolor de los demás y, de ese modo, nos ayuda a desarrollar empatía. Nuestra confusión puede abrir nuestro corazón a la confusión de los demás. Nuestra ansiedad aumenta nuestra atención a los seres que también están ansiosos. Empezamos a advertir cómo todo el mundo lucha de una manera u otra. Tal vez sea una lucha de tipo animal o quizá una lucha de tipo dios celoso, pero, sea del tipo que sea, la lucha es difícil y entendemos la dificultad que entraña liberarse. Desde esta perspectiva, tiene sentido valorar el reino humano y aspirar a renacer en él en nuestra próxima vida. Tiene aún más sentido aspirar a renacer en una situación en la que conectemos de manera natural con las enseñanzas espirituales y seamos de mayor beneficio para los demás. En *El libro tibetano de los muertos*, hay una aspiración que dice así: «Dondequiera que nazca, que esa tierra sea bendecida para que todos los seres sean felices».

Al aspirar a nacer con una preciosa existencia humana, estamos apreciando la rica y turbulenta vida que tenemos ahora y reconociendo que, aunque no siempre es fácil, nuestra vida humana nos brinda exactamente lo que se requiere para el crecimiento espiritual. Esta apreciación nos ayudará a gravitar hacia el reino humano al final del *bardo* del devenir.

Mientras nos preparamos para la inevitable conclusión de nuestra vida, hay cuatro aspiraciones principales que podemos albergar y que consideraremos como planes que van del A al D. El plan A es alcanzar la iluminación en el momento de la muerte, fusionando la luminosidad hija con la luminosidad madre (véanse capítulos 5 a 7). El plan B consiste en despertar en el *bardo* de *dharmata* fusionándonos con las luces brillantes o con la deidad (véase el capítulo 17). El plan C es renacer en un reino puro, donde podemos progresar rápidamente en el sendero (véase el capítulo 20). Por último, el plan D consiste en renacer como un ser humano con las condiciones propicias para el progreso espiritual.

Creo que, si logramos alguna de estas aspiraciones, podemos decir que nuestra vida ha estado bien empleada. Por otra parte, el potencial del completo despertar no es una perspectiva lejana; es algo alcanzable en un futuro próximo por personas como nosotros. Una vez mantuve una conversación sobre este tema con Su Santidad el XVII Karmapa, Ogyen Trinley Dorje, un profundo maestro muy querido por mí. Le pregunté en qué reino puro debería aspirar a renacer. Y, tras considerarlo un rato, me respondió: «Bueno, el reino puro de Amitabha, Sukhavati, está muy bien. Pero ¿por qué no saltarse todo eso y permitir que se encuentren la luminosidad de la madre y la luminosidad hija?». Aunque siento que es una aspiración muy elevada, la he guardado como un consejo muy valioso del corazón.

24. Ayudar a los demás en la muerte y el proceso de agonía

Cuando mi madre falleció, no pude llegar hasta después de su muerte, pero Trungpa Rinpoché me dijo que no era demasiado tarde para ayudarla. Me sugirió que me sentase junto a su cuerpo y le dijera lo buena madre que había sido y lo mucho que la quería. Me recomendó que compartiera con ella los buenos recuerdos de nuestra convivencia y que le dijera todo lo que pudiera para que se sintiera feliz y relajada.

El otro consejo clave de Trungpa Rinpoché fue que siguiera recordándole a mi madre que había muerto para que pudiera alejarse de su vida y no sintiera que tenía que quedarse. Seguí su consejo y me sentí conmovida por estar a solas con ella en la funeraria de esta manera, teniendo la sensación de que estaba aliviando su mente y ayudándola a llevar a cabo la transición.

Lo que hice con mi madre se basaba en el punto de vista tibetano de que, después de la muerte, la consciencia permanece cerca del cuerpo durante un cierto periodo. Aunque el cuerpo físico esté muerto, la consciencia sigue estando muy despierta a lo que ocurre. Este punto de vista también es compartido por muchos trabajadores de residencias de la tercera edad con los que he hablado. Tras el fallecimiento de alguien, estos trabajadores hacen todo lo posible por mantener una atmósfera de paz, siendo muy cuidadosos con lo que dicen y con el trato que dan al cuerpo y a las pertenencias de la persona.

Cuando la gente me pregunta cómo ayudar a otros en el proceso de la muerte y los *bardos*, suelo empezar contándoles la siguiente historia. Sean cuales sean nuestras creencias, la idea general es ser sensible al hecho de que la persona afronta una transición importante. Desde el momento en que se percatan de que se están muriendo, pasarán por muchas experiencias intensas, y lo mejor que podemos hacer es estar abiertos, sensibles y presentes con lo que surja. Tanto si se hallan en un estado de demencia avanzada como si están en coma o terminan de fallecer, debemos comportarnos como si fueran conscientes de nuestra presencia e intentar estar con ellos de una manera intensa, cariñosa y estable.

La Madre Teresa fundó su asilo en Calcuta, India, basándose en la sencilla idea de que debía asegurarse de que la gente se sintiera querida cuando muriera. Recogía a personas de la calle que habrían muerto sin que nadie se preocupara por ellas y las llevaba a su asilo para que pudieran vivir sus últimos días en un entorno tranquilo y lleno de amor. Si podemos tener presente esta sencilla motivación para los moribundos y los recién fallecidos con los que nos relacionamos, creo que podemos hacer mucho para animarlos y ayudarlos a que su transición sea tranquila. De nuevo, podemos recordar la frase de la oración de Dzigar Kongtrul Rinpoché: «Que, con facilidad y gran felicidad, deje ir todos los apegos hacia esta vida como un hijo o una hija que regresa a casa». Esta facilidad y gran felicidad es lo que deseamos para cualquier persona que esté muriendo o que haya muerto. También es nuestro deseo para nosotros mismos.

En el contexto de este consejo general de mostrar cariño y apoyo, se recomiendan muchas cosas adicionales para ayudar a las personas en el proceso de morir, algunas de las cuales transmitiré ahora. A partir de aquí, hablaré más o menos desde el punto de vista tibetano, pero muchos de estos consejos pueden adaptarse para armonizarse con nuestro propio sistema de creencias y la persona a la que cuidamos.

La primera recomendación es transmitir al moribundo lo que está ocurriendo, etapa por etapa. Si estamos familiarizados con los signos de la disolución exterior, podemos hacerles saber, por ejemplo, cuándo se está disolviendo el elemento tierra. Les decimos que sentirse incómodo y pesado es natural y no hay que tener miedo. Esto les ayudará a comprender que lo que experimentan forma parte del proceso universal de la muerte.

Una vez que se haya producido la muerte física de la persona, probablemente no podremos saber en qué fase se encuentra, pero si es budista o tiene inclinaciones espirituales, podemos leerle *El libro tibetano de los muertos*, que está escrito en forma de diálogo. Una forma tradicional de hacerlo es susurrarlo al oído de la persona. Se puede seguir leyéndole el libro durante los cuarenta y nueve días del *bardo* del devenir. Dado que el ser que se encuentra en dicho estado tiene cierto nivel de clarividencia, no necesitamos estar en su presencia física para comunicarnos con él. Sin embargo, si la persona es de una fe diferente –o en vida no ha tenido ninguna conexión con algo tan ajeno como *El libro tibetano de los muertos*–, entonces lo mejor es limitarse a hablar con ella como hice con mi madre y ayudarla a sentirse apreciada. En cualquier caso, es importante recordarle a menudo que ha muerto y que ahora debe seguir su camino.

Hace unos años, estuve haciendo un retiro en solitario en el que me centré principalmente en las enseñanzas del *bardo*. Durante ese tiempo, falleció una querida amiga mía. Como estaba en retiro y disponía de mucho tiempo, pude pasar los cuarenta y nueve días hablando con ella, leyéndole *El libro tibetano de los muertos* y haciendo todo lo posible para animarla. No sabía por lo que estaba pasando, pero sentía que, si le contaba esos detalles inspiradores acerca de los *bardos*, los entendería. Durante los últimos años de su vida, había padecido Alzheimer y estaba confusa. Pero cuando se disuelven los elementos de esta vida, esas nubes particulares se disipan y la consciencia se torna muy receptiva a cualquier palabra de sabiduría. Este proceso con mi amiga me sirvió para formarme una idea completa de la muerte. Las enseñanzas se volvieron mucho más reales para mí y me inspiraron a dar la bienvenida al desafío de mi propia transición de esta vida.

Trungpa Rinpoché nos enseñó que, tras el fallecimiento de una persona, los tres primeros días son especialmente importantes. Como no hay dos individuos que mueran exactamente de la misma manera, es difícil estar seguro de cuándo se produce la disolución final, algo que sucede cuando el elemento de la consciencia se disuelve en el espacio. En este momento, tenemos la oportunidad de alcanzar la iluminación permitiendo que la luminosidad hija se funda con la luminosidad madre. En otras palabras, es un momento sumamente crítico. Por ese motivo, cuando fallecía alguno de los discípulos de Rinpoché, tratábamos de dejar su cuerpo en el mismo lugar durante tres días para asegurarnos de que tuviera el tiempo suficiente para aprovechar las oportunidades del plan A y del plan B, es decir, durante la disolución y durante el *bardo* de *dharmata*. Nos sentábamos a meditar con ellos y también hacíamos *tonglen*. Si no era posible dejar su cuerpo en el lugar durante tanto tiempo, hacíamos todo lo posible para adaptarnos a cualquier situación que se presentara, haciendo hincapié en la necesidad de mantener una mente abierta y alentadora que promoviera una atmósfera favorable para el difunto.

En algún momento, mientras pensábamos que el fallecido se hallaba en el *bardo* del devenir, hacíamos lo que se conoce como una ceremonia Sukhavati. Esta recibe el nombre de la tierra pura de Amitabha, que es uno de los lugares donde la gente aspira a renacer. En esta ceremonia, quemábamos su fotografía y un trozo de papel con su nombre. La idea era que lo viese y que ello le ayudase a entender que había fallecido, animándolo a seguir adelante. Le asegurábamos que podía dejarse llevar y que todo y todos estarían bien. Llevar a cabo esta ceremonia aumenta la probabilidad de que se despierte en el *bardo* onírico del devenir y pueda elegir un nacimiento favorable, ya sea en un reino puro o como un ser humano que tendrá acceso a un camino espiritual.

Por supuesto, incluso en el caso de una persona que albergue estas creencias y quiera que se realicen estas prácticas y ceremonias en su nombre, siempre existe la posibilidad de que las cosas no salgan como se han planeado. Podemos morir de repente mientras estamos de viaje, estar conectados a un ruidoso aparato, o los miembros de nuestra familia pueden ponerse a discutir junto a nuestro cuerpo y arruinar el ambiente tranquilo. Hay mil cosas que pueden salir mal. Por eso, si queremos tener una muerte tranquila, la mejor manera de asegurarnos de que eso ocurra es cultivar una mente pacífica mientras estamos vivos, practicando el no alterarnos tanto cuando ocurren circunstancias inoportunas en nuestra vida.

Otra cosa que hay que tener en cuenta cuando alguien muere es el modo de relacionarse con sus posesiones. Si pensamos en lo apegados que estamos a algunas de las cosas que nos pertenecen, entenderemos lo mucho que podría molestar a una persona fallecida que tratásemos sus pertenencias con descuido. Tal vez no sea realista conservar cada pequeña cosa que apreciaban y mantenerla en perfectas condiciones, pero, hagamos lo que hagamos, deberíamos tener en cuenta sus apegos y hacer todo lo posible por tratar sus posesiones con respeto y, al menos, no pelearnos por ellas. Si hacemos esto durante cuarenta y nueve días, será lo mejor.

He empezado a trabajar con mis propios apegos a las posesiones para disminuir la posibilidad de que me molesten en el *bardo*. Tengo una lista de las cosas que deben ser legadas a cada persona, pero también estoy intentando regalarlas antes de morir. Cuando pienso en lo alterada que me he sentido cuando he perdido cosas triviales como botellas de agua, me doy cuenta de que, cuanto más relaje mi apego antes de que llegue el momento, más posibilidades tendré de atravesar con éxito el *bardo*.

Una de mis historias favoritas es la de un monje que se dedicaba tanto a desprenderse de sus apegos antes de fallecer que había regalado casi todas sus posesiones. En el momento previo a la muerte, vio su taza de té en la mesilla de noche y le hizo un gesto a su amigo para que se la diera. Tirar la taza de té por la ventana fue su último acto en la tierra.

Sea cual sea la forma en que fallezca la persona, existen maneras de beneficiarla, aun cuando haya transcurrido mucho tiempo. Podemos realizar actos virtuosos y dedicarlos a su bienestar, dondequiera que esté y con independencia de cuál sea la forma que haya adoptado. Dar dinero a los pobres, ayudar a los animales, visitar a un vecino anciano y solitario, simplemente sonreír a alguien: deseamos que cualquier cosa que hagamos en favor de los demás, también beneficie a la persona que está muriendo o que ya ha fallecido.

Cuando murió mi padre, mi primer maestro budista, Lama Chimé

Rinpoché, me indicó que le ofreciera a mi padre su comida y bebida favoritas durante cuarenta y nueve días. Siguiendo este consejo, todas las mañanas ponía las ofrendas junto a mi altar y cada noche las arrojaba en un lugar limpio donde no las pisotearan. Más tarde supe que ese consejo se basa en la creencia de que en el *bardo* del devenir, los muertos experimentan hambre y sed, pero solo pueden obtener satisfacción de la comida y la bebida que les ha sido ofrecida de manera específica. No sé si esto es cierto, pero sí sé que cada mañana, cuando ponía la comida y la bebida, sentía una cercanía especial con mi padre que siempre apreciaré. Desde entonces, he realizado esta práctica para muchas personas. Cuando murió mi querida amiga, le ofrecí un festín diario de café expreso y chocolate. Y, en lo que a mí respecta, será agua caliente y pastel de manzana.

También podemos practicar *tonglen*. Por ejemplo, si la persona moribunda o fallecida es un ser querido, dedicamos en primer lugar unos momentos a pensar en ella con mucho amor. Luego pensamos en cualquier malestar, miedo o confusión que pueda experimentar –cualquier cosa que le haga infeliz– e inhalamos con el deseo de que se libere de ello. Cuando exhalamos, le enviamos nuestro amor y cariño y todo aquello que la haga feliz o le proporcione alivio.

Sigo haciendo estas cosas por mis padres, aunque ya no estén. No sé con certeza si les ayuda a ellos, pero a mí sí me ayuda. Y, como hemos estado tan unidos, creo que también tendrá un efecto positivo en sus mentes, estén donde estén.

Por último, es fundamental que nos permitamos lamentar plenamente la pérdida de alguien cercano a nosotros. No hay enseñanzas budistas que digan que no hay que echar de menos a la gente y que hay que seguir adelante como si no hubiera pasado nada importante. Aunque dicen que la consciencia continúa después de la muerte y que las personas con tendencias positivas tendrán renacimientos favorables, el dolor es una emoción humana natural y hermosa. Es incómodo cuando la pena nos invade y desborda, pero a medida que pasa el tiempo la tristeza es cada vez menos intensa. No obstante, de vez en cuando, pensaremos de manera imprevista en la persona que hemos perdido y lloraremos, lo cual es positivo porque es una señal de amor.

Permitirnos el duelo hace que poco a poco nos soltemos y que continúe el flujo de la transitoriedad. Por supuesto, sabemos que la transitoriedad nunca se detiene, pero tenemos un poder mágico para congelar las cosas en nuestra mente y quedarnos bloqueados en el pasado. El duelo nos permite seguir adelante con nuestra vida cuando ya nos sentimos preparados para ello.

Trungpa Rinpoché hablaba a menudo del «genuino corazón de la tristeza», que es un lugar tierno y abierto en el que nos sentimos conectados con la gente y receptivos al mundo. Es un estado mental positivo que puede acompañar al dolor. Cuando me he hallado en estado de duelo, he experimentado este sentimiento de aprecio y conexión con los demás, incluso cuando no los conocía y no los volviese a ver. Recuerdo que, en cierta ocasión, en que estaba de duelo, fui a la oficina de correos y sentí un amor abrumador por todas las personas que guardaban cola. A diferencia de muchas otras emociones dolorosas, como la ira y los celos, la tristeza y el dolor tienden a conectarnos con los demás más que a separarnos. Tal vez sea porque la tristeza nos hace cobrar más consciencia de la transitoriedad universal de todos los aspectos de nuestra vida: los días que se convierten en noches, las flores frescas que se marchitan, los niños que crecen, los amigos y parientes que envejecen, nuestro propio envejecimiento.

Al mismo tiempo, debemos tener en cuenta la enseñanza sobre las dos verdades. En el nivel relativo, todo cambia y todos los seres mueren. Todas las personas y todas las cosas son tan transitorias como las nubes, lo cual puede romper nuestro corazón. Sin embargo, en el nivel absoluto, nada muere. Vida tras vida, nuestros cuerpos van y vienen, pero nuestra verdadera naturaleza siempre permanece idéntica. Es como el espacio en sí: vasto, indestructible y lleno de potencial para que la vida se manifieste.

25. Despertar en el *bardo*

Estas enseñanzas están relacionadas con el modo de conseguir que nuestra vida cobre sentido, transformando todo lo que nos sucede en un camino hacia el despertar. La forma en que respondemos a las circunstancias momentáneas y cambiantes de la vida cotidiana importa por igual tanto en el momento presente como cuando muramos. Como señalaba Trungpa Rinpoché: «La situación presente es importante. Esa es la cuestión principal, el punto decisivo».

Percibir que la vida es una serie de *bardos* es una práctica muy útil. El pasado se ha ido, el futuro no ha llegado y no podemos captar el momento intermedio, aunque en realidad es todo lo que hay. He aprendido que podemos desarrollar nuestra capacidad de advertir los huecos, las pausas, el espacio abierto entre dos situaciones cualesquiera. Podemos empezar a tener la sensación de estar en una vida que empieza y que termina de continuo. Esto puede convertirse en una práctica de consciencia permanente. El final de *esto* es también el comienzo de *aquello*. La idea del renacimiento no tiene que ver solo con el nacimiento y la muerte físicos. El renacimiento tiene lugar a cada instante, y podemos empezar a verlo de esa manera.

Cuando meditamos, advertimos el espacio que hay entre los pensamientos. También podemos notar el espacio entre una emoción y la siguiente. Podríamos advertir la brecha entre sueño y vigilia, la continua sensación de presencia y ausencia, de ir y venir. Podemos percibir la brecha cuando se nos cae una taza, cuando casi nos caemos, recibimos una mala noticia o tenemos un shock repentino.

Me despierto por la mañana y hay un espacio entre el sueño y el no estar completamente despierta. Me siento a meditar y es una experiencia fresca. Luego se termina. Me dirijo al baño, hago mis necesidades, me echo agua fría en la cara y se acaba. Me dirijo a la cocina y comienza una nueva vida: hervir agua, preparar el desayuno, tomar mis medicinas. Eso termina y me siento a comer.

Una vida tras otra, un flujo constante de nuevos comienzos y finales. Trungpa Rinpoché describió en cierta ocasión su experiencia de ir a la gasolinera y parecerle la experiencia más fascinante que uno pudiera desear. Llegar y parar el coche. Espacio. Apagar el motor. Espacio. Bajar la ventanilla y decir: «Llénalo». (Eso solía ocurrir, ¡de verdad!) Espacio. Esperar. Espacio. Y, por último, conducir, pasando de ese *bardo* al siguiente, de una experiencia maravillosa a otra.

En la vida tenemos la opción de vivir de la manera inconsciente habitual –perdidos en nuestros pensamientos, impelidos por nuestras emociones– o despertar y experimentar todo con frescura, como si fuese la primera vez. También tenemos la opción de relacionarnos valerosamente con la falta de fundamento de nuestra situación, en lugar de tratar de evitarla. Se dice que esta falta de fundamento omnipresente tiene tres aspectos: incertidumbre, vulnerabilidad e inseguridad. La manera en que nos relacionemos con estos sentimientos ahora es la misma en que nos relacionaremos con ellos durante la muerte. Cuando estamos muriendo, la incertidumbre, la vulnerabilidad y la inseguridad pueden intensificarse, y tenemos la opción de aferrarnos desesperadamente o de dejarnos llevar por la frescura que conlleva la disolución. Un espacio completamente abierto está disponible para nosotros si no entramos en pánico y nos dejamos llevar, o si entramos en pánico y somos capaces de relajarnos. Este puede ser un momento de despertar completo, y depende principalmente de nuestra facilidad o nuestra incomodidad con la ausencia de fundamento. Mientras morimos, hasta un simple momento de relajación nos será muy útil.

En el *bardo* de *dharmata*, podemos experimentar el temor a vernos atraídos a un mundo más grande, de manera que, dependiendo de cómo nos hayamos adiestrado en vida, sentiremos atracción hacia el mundo familiar y atenuado del sufrimiento, o bien elegiremos expandirnos y dejarnos llevar a una visión más amplia. Incluso si tenemos miedo, podemos quedarnos con eso y dejarnos llevar por el miedo. Si, en vida, estamos entrenados para estar bien con lo que sentimos, entonces estaremos bien con lo que sintamos en ese *bardo*.

Si arribamos al *bardo* del devenir, una instrucción clave es esta: intentar no escapar, sino mantenernos firmes. Si entramos en pánico, podemos permanecer con el pánico y resistir la tendencia a efectuar cualquier movimiento rápido. En todos los *bardos* de la vida y la muerte, la instrucción fundamental es: «No luchar». Ocurra lo que ocurra, nos quedamos ahí con lo que sentimos, yendo más despacio y prestando atención. Desarrollamos la capacidad de permanecer en esos lugares incómodos e inquietantes de la incertidumbre, la vulnerabilidad y la inseguridad. Desarrollamos la capacidad de fluir con el cambio continuo de *bardo* en *bardo*, de espacio en espacio.

Trungpa Rinpoché solía exhortarnos a «mantenernos en nuestro lugar». Eso es lo que más nos ayudará: eso y mirar a nuestro alrededor y darnos cuenta de que hay otros seres que nos acompañan que están igualmente en pánico, también tratando de escapar, necesitados de consuelo y amor. Las emociones pueden arrastrarnos a ámbitos en los que no queremos estar o pueden unirnos de corazón a corazón con todos nuestros compañeros interconectados.

La tarea consiste en abrirnos a nuestra situación actual, junto con la de nuestros semejantes. Nuestra tarea, en la vida y en la muerte, es darnos cuenta de que siempre disponemos de opciones. Podemos dormirnos en la inconsciencia y quedar atrapados en el ciclo repetitivo del samsara, o bien despertar. Y eso, como señala Dzigar Kongtrul Rinpoché: «Solo depende de nosotros».

Conclusión

Ishi era el último de su tribu, los yahis, que habían sido prácticamente exterminados durante y después de la fiebre del oro. Con los pocos miembros de su familia que le quedaban, Ishi había huido a la naturaleza, y décadas después era el único yahi que quedaba. Una mañana temprano del año 1911 apareció, desorientado y casi desnudo, en la ciudad de Oroville, al norte de California. Poco después, el antropólogo Alfred Kroeber tomó el tren hasta Oroville y llevó a Ishi a Berkeley, donde Kroeber era profesor. Quería pasar el máximo tiempo posible con Ishi, para aprender todo lo que pudiera sobre él. Y, por lo que parece, Ishi estuvo encantado de acompañarlo.

Ishi era simpático y cariñoso, y la gente se asombraba de su capacidad de adaptación. Siempre estaba observando cómo los demás hacían las cosas, averiguando de qué manera sobrevivir en un mundo completamente distinto al suyo. Cuando alguien le daba un abrigo y una corbata para que se los pusiera, se alegraba de llevar esa extraña ropa. Sin embargo, cuando le ofrecían zapatos, los rechazaba educadamente. Quería sentir la tierra.

Aunque algunos contemporáneos creen que Kroeber se aprovechó de Ishi –y ciertamente se podría interpretar de ese modo–, los testimonios sugieren que se hicieron amigos muy cercanos. Con el tiempo, fueron capaces de comunicarse con palabras. Pero, cuando Kroeber preguntó a Ishi su nombre, no quiso decírselo. No era su costumbre decir su nombre a nadie que no perteneciera a su tribu. Entonces Kroeber le llamó Ishi, que significa simplemente «hombre», e Ishi lo aceptó. Cuando Kroeber lo llevó por primera vez a la estación ferroviaria, Ishi se escondió detrás de una columna al ver llegar el tren. Luego salió y subieron juntos al tren. Más tarde, cuando hablaron, Kroeber le preguntó por qué se había escondido. Ishi respondió: «Solíamos ver los trenes desde las montañas con su fuego y su humo ondulante, y pensábamos que eran monstruos que se comían a la gente. Por eso siempre nos manteníamos lejos de ellos». Entonces Kroeber preguntó: «¿Cómo has tenido el valor suficiente para subir al tren?». Ishi dijo algo que siempre he encontrado inspirador: «Sentía más curiosidad que miedo».

Una de mis principales intenciones al escribir este libro ha sido ayudar a las personas a tener «más curiosidad que miedo», en especial en lo que se refiere a la muerte y al proceso del morir. Temer a la muerte es una carga diaria y, como he intentado explicar, innecesaria. La muerte forma parte de la serie continua e interminable de *bardos*, del maravilloso flujo del nacimiento y la muerte. Para intimar plenamente con la vida, creo que no nos queda más remedio que intimar plenamente con la muerte.

Ishi debió intimar plenamente con la muerte para comportarse como lo hizo. No es tan sorprendente: toda la gente que conocía había muerto y él llevaba años viviendo al borde de la inanición. Ya no tenía nada que perder. Sin embargo, si sintonizamos con la forma en que nacimiento y muerte ocurren en cada momento, nos daremos cuenta de que tampoco tenemos nada que perder. Entonces seremos capaces de vivir sin miedo y con gran compasión por todas las otras personas de este planeta que luchan embargadas por la ansiedad y el miedo. Y nuestra libertad de corazón y mente no solo nos tornará más disponibles para ayudar a los demás, sino que nos dotará de mayor eficacia para hacerlo.

Al igual que ocurre con numerosas tradiciones espirituales, el budismo se originó a partir de la necesidad humana universal de relacionarse con la muerte. El futuro Buddha pasó sus primeros años de vida entre los muros del palacio de su padre, protegido de cualquier signo de mortalidad. Sin embargo, cuando un día se aventuró a salir, vio a un anciano, un enfermo y un cadáver. Estas visiones le hicieron preguntarse qué sentido tenía la vida si solo conducía a estos resultados. Abandonó la comodidad de su palacio para buscar la forma de conseguir que tanto la vida como la muerte cobraran mayor sentido. Y lo que descubrió en su búsqueda, y transmitió a través de siglos y generaciones, es la sabiduría que he tenido la suerte de recibir de mis maestros. Es esta sabiduría la que, en cierta medida, he intentado transmitir en este libro.

Lo que he presentado acerca de los *bardos* es solo una pequeña parte de los conocimientos que también es posible encontrar en otros lugares. Para aquellos que estén interesados, he incluido una lista de lecturas al final de este libro. Al mismo tiempo, creo que el factor más importante a la hora de prepararse para la muerte es recordar que la manera en que vivimos es la manera en que moriremos. Si aprendemos a aceptar la transitoriedad, a trabajar con nuestros *kleshas*, a reconocer la naturaleza como-el-cielo de nuestra mente y a abrirnos cada vez más a las experiencias de la vida, estaremos aprendiendo tanto a vivir como a morir. Si desarrollamos una pasión por aprender sobre la naturaleza carente de fundamento, impredecible e insondable de nuestro mundo y de nuestra mente, eso nos permitirá afrontar la muerte con más curiosidad que miedo.

«Bendíceme para que alcance el pleno significado de este precioso nacimiento humano, libre y bien favorecido. El momento de la muerte es incierto. Bendíceme para que no tenga remordimientos.»

Oración a MACHIK LABDRÖN, de KARMA CHAGMÉ

APÉNDICE A
Historia de las enseñanzas del *bardo*

La historia tradicional de cómo llegaron a nosotros las enseñanzas del *bardo* es bastante extraordinaria. En el siglo VIII, el rey Trisong Detsen del Tíbet deseaba establecer firmemente el budismo en su país. Dado que era un devoto practicante del Dharma, pensó que serviría mejor a sus súbditos promoviendo las enseñanzas del Buddha, que por aquel entonces eran bastante novedosas en su entorno. En aquella época, el Tíbet era un lugar salvaje. La gente no era muy dócil y había espíritus y demonios que creaban obstáculos para evitar que el Dharma echara raíces allí. El rey quería construir un magnífico templo budista, pero todas las noches los espíritus desmontaban la construcción y devolvían la tierra y las piedras al lugar de donde habían sido extraídas.

Entonces el rey oyó hablar de Gurú Rinpoché, el poderoso maestro iluminado de la India, que tenía la capacidad de domar lo indomable. Gurú Rinpoché vino a pacificar a los que estaban creando problemas, y se construyó el Templo de Samye, que aún existe en la actualidad. Durante su estancia en el Tíbet, Gurú Rinpoché realizó todo tipo de acciones para ayudar a plantar las raíces profundas del Dharma. Enseñó a numerosos discípulos, ayudándolos a alcanzar elevados niveles de realización espiritual. Algunas de sus enseñanzas, conocidas como *terma* (literalmente, «tesoros»), estaban destinadas a las generaciones futuras, que las encontrarían nuevamente cuando más las necesitaran. Yeshe Tsogyal, su consorte y discípula más cercana, escribió estas enseñanzas, y tanto ella como Gurú Rinpoché las ocultaron por todo el Tíbet. Gurú Rinpoché facultó a sus veinticinco discípulos principales para que descubrieran estos *termas* en vidas futuras. Se dice que estos discípulos han renacido muchas veces a lo largo de los años como *tertöns*, o descubridores de tesoros. Chögyam Trungpa Rinpoché era conocido como uno de esos *tertön* y uno de sus descubrimientos fue la *Sadhana de Mahamudra*, una práctica que muchos de sus estudiantes siguen realizando con regularidad.

El *Bardo Tödrol* forma parte de un *terma* descubierto en el siglo XIV por Karma Lingpa en las colinas Gampo del Tíbet central. (Gampo Abbey, el monasterio de Nueva Escocia donde impartí algunas de las enseñanzas adaptadas para este libro, lleva el nombre del famoso maestro Gampopa, que construyó su monasterio en las colinas de Gampo.) Durante mucho tiempo después de su descubrimiento, el *Bardo Tödrol* se mantuvo en secreto. Los maestros lo transmitían a un solo discípulo cada vez. Con el tiempo fue enseñándose más abiertamente y, en la década de los 1920, un antropólogo estadounidense llamado Walter Evans-Wentz organizó su primera publicación en inglés con el inexacto pero seductor título de *El libro tibetano de los muertos*, y se hizo muy popular en Occidente. En los años setenta, los hippies, entre los que me encontraba, lo adoptaron con entusiasmo. En la actualidad, sigue siendo uno de los textos budistas más enseñados acerca de los *bardos*.

APÉNDICE B
Prácticas

Meditación sedente básica

La técnica de meditación sedente, denominada *shamatha-vipashyana* («tranquilidad-visión profunda»), es como una llave de oro que nos ayuda a conocernos a nosotros mismos. En la meditación *shamatha-vipashyana*, nos sentamos erguidos con las piernas cruzadas, los ojos abiertos y las manos apoyadas en los muslos. A continuación, simplemente cobramos consciencia de nuestra respiración mientras expulsamos el aire. Se requiere precisión para estar justo ahí con cada respiración. Por otro lado, es un ejercicio extremadamente relajado y muy suave. Decir «estar justo con la respiración mientras expulsamos el aire» es lo mismo que decir «estar totalmente presente» o estar justo aquí con lo que sucede. Cuando somos conscientes de la respiración al salir, también podemos ser conscientes de otras cosas que suceden: los sonidos de la calle, la luz en la pared. Estas cosas pueden captar ligeramente nuestra atención, pero no tienen por qué distraernos. Podemos seguir sentados aquí, conscientes de la respiración cuando abandona el cuerpo.

Sin embargo, estar con la respiración es solo una parte de la técnica, mientras que la otra parte son los pensamientos que corren por nuestra mente continuamente. Estamos sentados hablando con nosotros mismos. La instrucción es que, cuando nos demos cuenta de que estamos pensando, lo etiquetemos como «pensamiento». Cuando nuestra mente divaga, decimos «pensamiento». Ya sea que nuestros pensamientos sean violentos, apasionados o llenos de ignorancia y negación; ya sea que nuestros pensamientos expresen preocupación o temor; ya sea que sean pensamientos espirituales, pensamientos placenteros acerca de lo bien que nos va, pensamientos reconfortantes, pensamientos edificantes, cualesquiera que sean, sin juzgarlos ni ser duro con ellos, simplemente los etiquetamos a todos ellos como «pensamientos», y lo hacemos con honestidad y amabilidad.

El contacto con la respiración es ligero: solo un 25% de la consciencia está depositada en la respiración. Por eso, no nos aferramos ni nos fijamos en ella, sino que nos abrimos, permitiendo que la respiración se mezcle con el espacio de la habitación y permitiendo que nuestra respiración emerja al espacio. Seguidamente se produce una pausa, un espacio hasta que la siguiente respiración vuelve a emerger. Mientras respiramos, puede haber una sensación de apertura y espera. Es como pulsar el timbre de la puerta y esperar a que alguien responda. Luego volvemos a pulsar el timbre y esperamos de nuevo a que alguien responda. Entonces, probablemente, nuestra mente divague y nos demos cuenta de que estamos pensando de nuevo; en este punto, utilizamos la técnica del etiquetado.

Es importante ser fiel a la técnica. Si nos damos cuenta de que nuestro etiquetado tiene un tono duro y negativo, como si dijésemos: «¡Maldita sea!» –haciéndonos pasar un mal rato–, lo repetimos y aligeramos nuestro tono. No intentamos derribar los pensamientos como si estuviéramos practicando tiro al plato. En su lugar, somos amables. Utilizamos la parte de la técnica del etiquetado como una oportunidad para desarrollar amabilidad y compasión hacia nosotros mismos. En el ámbito de la meditación, cualquier cosa que surja está bien. La cuestión es que lo vemos con honestidad y nos hacemos amigos de ello.

Aunque nos resulte vergonzoso y doloroso, es muy curativo dejar de esconderse de uno mismo. Es curativo conocer todas las formas en que somos escurridizos; todas las formas en que nos escondemos y criticamos a la gente; todas las formas en que nos cerramos, negamos, nos bloqueamos; todas nuestras pequeñas y extrañas formas de intentarlo. Podemos conocer todo eso con algo de sentido del humor y amabilidad. Al conocernos a nosotros mismos, llegamos a conocer la humanidad por completo. Todos nos enfrentamos a las mismas cosas. Estamos todos juntos en esto. Cuando nos damos cuenta de que estamos hablando con nosotros mismos, lo etiquetamos como «pensamiento» y nos fijamos en nuestro tono de voz. Permitimos que sea compasivo, amable y con humor. Entonces estaremos cambiando viejos patrones bloqueados que son compartidos por toda la raza humana. La compasión hacia los demás comienza con la amabilidad hacia nosotros mismos.

La duración de la sesión depende de cada persona. Puede ser tan breve como diez minutos o tan larga como queramos. Esta es una práctica no solo para el *bardo* de esta vida y para el *bardo* de la muerte, sino que también será útil para todos los demás *bardos*.

Meditar con la consciencia abierta: una práctica guiada por Yongey Mingyur Rinpoché

La no meditación es la mejor meditación. En la auténtica meditación, no tenemos que meditar, sino que simplemente permitimos que nuestra mente descanse tal como es. Cualquiera que sea el estado de nuestra mente, pacífica, no pacífica, con o sin pensamientos, no importa. El fondo de todo ello es la consciencia, ¿no es cierto? Así pues, solo nos centramos en la consciencia, dejándola ser. Sean cuales sean los pensamientos o emociones que aparezcan, los aceptamos o permitimos y simplemente somos. Mientras no caigamos en la inconsciencia o nos perdamos por completo, es correcto.

Por lo tanto, ahora haremos esta práctica. Esto es también lo que llamamos «meditación de la presencia abierta». A veces la llamamos «meditación sin objeto». Recibe nombres diferentes. Algunos textos tradicionales la llaman «meditación sin soporte».

Nos sentamos en la postura de meditación. Primero, practicaremos con una exhalación suave. Inspiramos y espiramos de manera no forzada. Al final de la espiración, hay una pausa natural. Simplemente descansamos en la consciencia abierta durante esta pausa. Cuando sintamos necesidad de ello, inhalamos de nuevo. Nos relajamos mientras inspiramos y espiramos. Respiramos de forma natural, simplemente descansando en la consciencia durante la pausa que se produce al final de cada exhalación. Observamos si percibimos que estas pausas se alargan de manera natural. Mantenemos la postura de meditación. No forzamos nada. Inspiramos, espiramos y descansamos en la pausa.

Bien, ¿qué tal? Ahora, lo intentaremos sin pausar la respiración, de forma completamente natural. No tenemos que hacer nada con la respiración. Dejamos que la mente descanse. Solo hay una sensación de presencia.

Cuando descansamos de ese modo, no estamos distraídos. Hay consciencia, pero la consciencia no tiene un objeto particular. Simplemente nos relajamos. Algunas personas pueden descubrir una sensación de presencia, de ser. Hay algo ahí. No podemos describirlo realmente, pero no estamos perdidos. No estamos meditando, pero tampoco estamos distraídos. ¿De acuerdo? Eso es todo.

Tonglen

La práctica del *tonglen*, también conocida como «dar y tomar», invierte nuestra lógica habitual de evitar el sufrimiento y buscar el placer. En la práctica del *tonglen*, visualizamos que tomamos el dolor de los demás con cada inhalación y, con la exhalación, les enviamos aquello que les será de beneficio. En el proceso, nos liberamos de los viejos patrones egoístas. Empezamos a sentir amor por nosotros mismos y por los demás; empezamos a cuidar de nosotros y de los otros.

El *tonglen* despierta nuestra compasión y nos introduce a una visión mucho más amplia de la realidad. Nos introduce a la amplitud ilimitada de *shunyata* (vacuidad). Al realizar la práctica, empezamos a conectar con la dimensión abierta de nuestro ser.

El *tonglen* puede hacerse para los enfermos, los moribundos, los que ya han fallecido o los que padecen cualquier tipo de dolor. Se puede llevar a cabo como una práctica de meditación formal o en el momento en que lo deseemos. Si estamos paseando y vemos a alguien sufriendo, podemos inspirar el dolor de esa persona y enviarle alivio.

Por lo general, miramos hacia otro lado cuando vemos a alguien sufrir. Su dolor hace aflorar nuestro miedo o nuestra ira; hace aflorar nuestra resistencia y nuestra confusión. Así pues, también podemos hacer *tonglen* por todas las personas como nosotros, todas las que desean ser compasivas, pero que en cambio tienen miedo; que desean ser valientes, pero son cobardes. En lugar de castigarnos a nosotros mismos, utilizamos nuestro bloqueo personal como un trampolín para entender lo que la gente está afrontando en todo el mundo. Inspiramos por todos nosotros y espiramos por todos nosotros. Utilizamos lo que parece un veneno como medicina. Utilizamos nuestro sufrimiento personal como un camino para despertar la compasión hacia todos los seres.

Cuando efectuamos *tonglen* como práctica formal de meditación, este presenta cuatro etapas.

1. Activar la bodhichita

Descansamos la mente durante unos instantes en un estado de apertura y quietud. Esta etapa recibe el nombre, tradicionalmente, de «activación de la *bodhichita* absoluta», «despertar de la mente-corazón» o «apertura a la espaciosidad y claridad fundamentales».

2. Comenzar la visualización

Trabajamos con la textura. Inhalamos sensaciones de calor, oscuridad, y pesadez –un sentido de claustrofobia– y exhalamos sensaciones de frescor, luminosidad y luz –un sentido de frescura–. Inspiramos completamente, absorbiendo la energía negativa por todos los poros de nuestro cuerpo. Cuando exhalamos, irradiamos energía positiva por completo, también a través de todos los poros de nuestro cuerpo. Lo hacemos así hasta que sincronicemos la visualización con nuestras inhalaciones y exhalaciones.

3. Centrarse en una situación personal

Nos centramos en cualquier situación dolorosa que sea acuciante para nosotros. Tradicionalmente se empieza haciendo *tonglen* por alguien a quien queremos y deseamos ayudar. Sin embargo, si estamos bloqueados, podemos hacer la práctica por el dolor que estamos sintiendo y, simultáneamente, por todos los que experimentan el mismo tipo de sufrimiento. Por ejemplo, si sentimos que somos inadecuados, inhalamos eso por nosotros y por todos los que se encuentran en la misma situación y enviamos confianza, adecuación y alivio en la forma que deseemos.

4. Expandir nuestra compasión

Por último, hacemos que el dar y el tomar sean más amplios. Si hacemos *tonglen* por un ser querido, lo extendemos a todos los que se hallan en la misma situación. Si hacemos *tonglen* por alguien que vemos en la televisión o en la calle, lo hacemos por todos los que están en idéntica situación. Lo ampliamos más allá de una sola persona. Podemos hacer *tonglen* por las personas que consideramos nuestros enemigos, los que nos hacen daño o hacen daño a los demás. Practicamos *tonglen* por ellos, pensando que padecen la misma confusión y bloqueo que un amigo o que nosotros mismos. Inspiramos su dolor y les enviamos alivio.

El *tonglen* puede extenderse infinitamente. A medida que llevamos a cabo la práctica, nuestra compasión se amplía con el tiempo de manera natural, al igual que nuestra comprensión de que las cosas no son tan sólidas como pensábamos, lo cual constituye un atisbo de vacuidad. A medida que realicemos esta práctica poco a poco, a nuestro propio ritmo, nos sorprenderá constatar que somos cada vez más capaces de estar presentes para los demás, incluso en lo que solían parecernos situaciones imposibles.

Apéndice C

Etapa 1	Tierra en agua Pesadez corporal, abatimiento La vista desaparece Signo secreto: brillo del espejismo
Etapa 2	Agua en fuego Nos sentimos sedientos; incapaces de controlar los fluidos Desaparece la audición Signo secreto: humo
Etapa 3	Fuego en aire Sentimos frío; no podemos calentarnos Desaparece el olfato Signo secreto: luciérnagas, chispas de luz
Etapa 4	Aire en la consciencia Dificultad para respirar; inhalaciones breves; exhalaciones largas Desaparece el sabor Signo secreto: lámpara de mantequilla o imagen de una antorcha

Etapa 5	Consciencia en el espacio Cesa la respiración externa Desaparece el tacto Signo secreto: imagen como de lámpara de mantequilla
Luego	Disolución interna El cuerpo muere Cesa la respiración interna en el tercer estadio (abajo) La consciencia se extingue en tres fases (sutil, más sutil y muy sutil) 1. Apariencia: Blanco. Como el cielo despejado iluminado por la luna llena. Se disuelve la ira. 2. Incremento: Rojo. Todo parece de color rojo. Se disuelven la pasión y el apego. 3. Logro: Negro. Nos sumimos en la «inconsciencia» o bien reconocemos la verdadera naturaleza de la mente (encuentro de la luminosidad madre y la luminosidad hija). Al final de la disolución interna, la consciencia abandona el cuerpo.

LAS CINCO FAMILIAS DE BUDDHAS

Símbolo	**VAJRA**	**RATNA**
Elemento	Agua	Tierra
*Color**	Blanco	Amarillo
Dirección	Este	Sur
Estación	Invierno	Otoño
Aspecto de sabiduría	Sabiduría del espejo visión clara, aguda, precisa, *prajña* (consciencia discriminativa) indestructibilidad, intelectual	Sabiduría de la ecuanimidad riqueza, plenitud, generosidad, entrega, magnetización, comodidad
*Aspecto neurótico***	Agresión fijación intelectual, frío, crítico, reduccionista	Orgullo ostentación, expansión, superficialidad, insatisfacción permanente, exageración

* Hay que tener en cuenta que existen diferentes tradiciones en torno a los colores y otros atributos asociados a cada una de las familias de buddhas.
** El aspecto de la neurosis puede transmutarse en su aspecto de sabiduría (o iluminado).

PADMA	KARMA	BUDDHA
Fuego	Aire	Espacio
Rojo	Verde	Azul
Oeste	Norte	Centro del mandala
Verano	Primavera	———
Sabiduría discriminativa compasión, hospitalidad, apertura, curiosidad, adaptación	Sabiduría que todo lo logra la acción cumple fácilmente su propósito	Sabiduría del *dharmadhatu* espacioso, estable, sabio, contemplativo, fundamento del espacio básico
Apego seducción y encanto al servicio del ego, falsa sonrisa, quiere que todo el mundo sea como él	Envidia muy irritable, crítico, perfeccionista, acelerado, quiere crear un mundo uniforme y ordenado	Ignorancia confuso, perezoso, descuidado, depresivo, ejerce el mínimo esfuerzo, torpe

LOS SEIS REINOS DEL SAMSARA

Los seis reinos del samsara arriba representados son, moviéndose en el sentido de las agujas del reloj desde la parte superior: el reino de los dioses, el reino de los dioses celosos, el reino de los fantasmas hambrientos, el reino del infierno, el reino de los animales y el reino de los humanos. El pájaro, la serpiente y el cerdo, situados en el centro del círculo, simbolizan los tres *kleshas* principales del apego, la agresividad y la ignorancia. Estas emociones dan lugar a los estados mentales y acciones que crean nuestra experiencia samsárica.

En el anillo central, entre los seis reinos (en el exterior) y la representación de los tres *kleshas* principales (en el centro), en la mitad izquierda del anillo están representadas las acciones positivas que propician el nacimiento en los reinos superiores, mientras que en la mitad derecha del anillo se hallan representadas las acciones negativas que conducen al nacimiento en los reinos inferiores.

Lecturas recomendadas

Anam Thubten. *A Sacred Compass*. Point Richmond, CA: *Dharmata* Foundation, 2020.

Anyen Rinpoche. *Dying with Confidence: A Tibetan Buddhist Guide to Preparing for Death*. Boston: Wisdom Publications, 2014.

Chögyam Trungpa. *Journey without Goal: The Tantric Wisdom of the Buddha*. Boston: Shambhala Publications, 2010. Primera edición, 1981. [*El camino sin meta*. Barcelona: Ediciones Oniro S.A., 1998.]

—. *Transcending Madness: The Experience of the Six Bardos*. Boston: Shambhala Publications, 1999. Primera edición, 1992.

—. y Francesca Fremantle. *The Tibetan Book of the Dead: The Great Liberation through Hearing in the Bardo*. Boulder: Shambhala Publications, 2019. Primera edición, 1975. [*El libro tibetano de los muertos: la gran liberación a través de la escucha en el bardo*. Madrid: Gaia Ediciones, 2009.]

Dzogchen Ponlop. *Emotional Rescue*. Nueva York: Tarcher-Perigee, 2016. [*Rescate emocional*. Barcelona: Editorial Kairós S.A., 2017.]

—. *Mind Beyond Death*. Ithaca, Nueva York: Snow Lion Publications, 2008. [*Mente más allá de la muerte*. Barcelona: Editorial Kairós S.A., 2017.]

Dzongsar Jamyang Khyentse. *Living Is Dying: How to Prepare for Death, Dying, and Beyond*. Boulder: Shambhala Publications, 2020. [*Vivir es morir: cómo prepararse para morir, la muerte y más allá*. Barcelona: Ediciones Virupa, 2020.]

Fremantle, Francesca. *Luminous Emptiness*. Boston: Shambhala, 2003.

Holecek, Andrew. *Preparing to Die*. Boston: Snow Lion, 2013.

McLeod, Ken. *Reflections on Silver River: Tokmé Zongpo's Thirty-Seven Practices of a Bodhisattva*. Los Ángeles: Unfettered Mind Media, 2013.

McLeod, Ken. *Wake Up to Your Life: Discovering the Buddhist Path of Attention*. San Francisco: Harper San Francisco, 2002.

Saunders, George. *Lincoln in the Bardo: A Novel*. Nueva York: Random House, 2018. [*Lincoln en el Bardo*. Barcelona: Editorial Seix Barral, 2019.]

Sogyal Rinpoche. *The Tibetan Book of Living and Dying*. San Francisco: Harper San Francisco, 1992. [*El libro tibetano de la vida y de la muerte*. Madrid: Ediciones Urano, 2006.]

Tulku Thondup. *Peaceful Death, Joyful Rebirth*. Boston: Shambhala Publications, 2007.

Yongey Mingyur y Helen Tworkov. *In Love with the World: A Monk's Journey through the Bardos of Living and Dying*. Nueva York: Random House, 2019. [*Enamorado del mundo: el viaje de un monje a través de los bardos de la vida y la muerte*. Madrid: Rigden Institut Gestalt, 2019.]

Agradecimientos

Quisiera empezar expresando mi más profundo reconocimiento a mis queridos maestros, sin los cuales no tendría ni idea de lo que significan estas enseñanzas del *bardo*. A continuación, me gustaría dar las gracias a Yongey Mingyur Rinpoché por su poderoso ejemplo y por darme permiso para utilizar su meditación sobre la consciencia abierta. Erik Pema Kunsang y Francesca Fremantle aclararon algunos de los aspectos más difíciles de las enseñanzas del *bardo*. Helen Tworkov respondió a las preguntas sobre la historia de Mingyur Rinpoché. Sarah Stanton, de Shambhala Publications, efectuó muchas sugerencias valiosas para ayudar a que este libro conectara mejor con el público; Nikko Odiseos e Ivan Bercholz, de Shambhala, proporcionaron dirección y apoyo inestimables. Barbara Abrams, una de mis lectoras más fieles, leyó el primer borrador del manuscrito y aportó comentarios inteligentes. Por último, me gustaría agradecer especialmente a mi amigo y hermano del Dharma Joseph Waxman por tomar las transcripciones de mis charlas y hacer el trabajo heroico de convertirlas en este libro. Siempre es un gran placer trabajar con un amigo del corazón.

Índice

editorial **K**airós

Puede recibir información sobre
nuestros libros y colecciones inscribiéndose en:

www.editorialkairos.com
www.editorialkairos.com/newsletter.html

Numancia, 117-121 • 08029 Barcelona • España
tel. +34 934 949 490 • info@editorialkairos.com